游泳技术图解

蝶 仰 蛙 爬 出发 转身

王勇
唐亮
王合霞
——编著

中国石化出版社

图书在版编目（CIP）数据

游泳技术图解 / 王勇，唐亮，王合霞编著. -- 北京：中国石化出版社，2022.8

ISBN 978-7-5114-6791-1

Ⅰ. ①游… Ⅱ. ①王… ②唐… ③王… Ⅲ. ①游泳－图解 Ⅳ. ①G861.1-64

中国版本图书馆CIP数据核字（2022）第127152号

中国石化出版社出版发行

地址：北京市东城区安定门外大街58号

邮编：100011　电话：（010）57512500

发行部电话：（010）57512575

http://www.sinopec-press.com

E-mail：press@sinopec.com

北京富泰印刷有限责任公司印刷

全国各地新华书店经销

*

710×1000毫米　16开本　6.5印张

2022年8月第1版　2022年8月第1次印刷

定价：48.00元

前言

Preface

游泳运动是男女老幼都喜欢的体育项目之一，是一项老幼皆宜的体育运动项目。经常进行游泳锻炼，能够有效地提高身体各个系统、器官的机能，促进身心健康，塑造健美的体型。随着人们生活水平的逐渐提高和游泳场馆的增加，游泳正在成为为越来越多的人喜爱的体育项目。游泳比赛的项目众多，各种泳姿风格各异，其独特的魅力使得游泳成了最受欢迎的竞赛项目之一。

本书为满足广大游泳爱好者学习先进技术、改进提高游泳水平的需要而编写。全书共分六部分内容，分别介绍蝶、仰、蛙、爬、出发和转身的技术要领与练习方法，以及运动员等级标准与比赛规则。教材内容图文并茂，形象直观，突出“广”和“易”，将主要技术的动作要领、难点、重点口诀化，使读者一目了然，非常便于自学自练。图文并茂，实用科学。

本书可作为游泳爱好者掌握正确的游泳技术、提高游泳水平的自学参考资料，也可作为业余体校、中小学、大专院校体育教师的教学参考教材，文中图片丰富多彩，尤其适合对儿童少年及游泳爱好者进行直观理解与实训。

目录

Contents

蝶泳技术

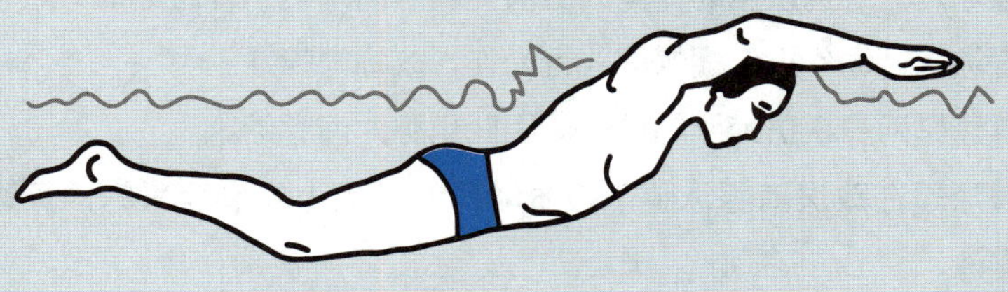

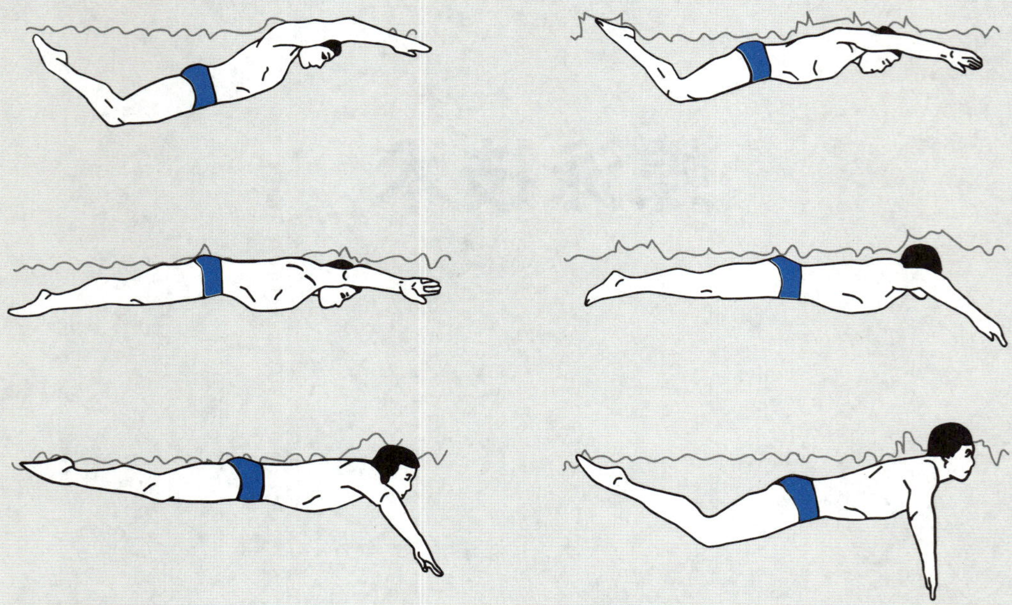

蝶泳简介

- 蝶泳是在蛙泳技术动作基础上演变发展而来的一种游泳姿势。
- 蝶泳两臂动作近似蝴蝶的飞行动作，故称为蝶泳。
- 蝶泳是两腿模仿海豚的动作，因此也称为海豚泳。
- 蝶泳是在改进海豚泳腿部技术动作的基础上发展起来的，其速度仅次于爬泳。
- 游蝶泳时，身体俯卧水中，两腿并拢，躯干和腿进行上下波浪状的打水动作，两臂在水中由前向后做对称的划水动作，然后经空中同时向前移臂。
- 动作配合一般是：一次划臂，两次打腿，一次呼吸。
- 在竞技游泳比赛中，蝶泳项目有：50米、100米和200米。

比赛规则

- 除在做转身动作时，身体必须始终俯卧。从出发和每次转身后的第一次手臂动作开始，至下一个转身或到达终点，两肩应与水面平行。任何时候都不允许转成仰卧姿势。
- 两臂必须在水面上同时向前摆动，并同时在水下向后划水。
- 两脚的动作必须同时进行，允许两腿和两脚在垂直面上同时做打水动作。
- 在每次转身和到达终点时，两手应在水面、水上或水下同时触壁，触壁前两肩应与水面平行。
- 在出发和每次转身后，允许运动员在水下做一次或多次打水动作和一次划水动作，这次划水动作必须使身体升到水面。
- 在15米前（含15米）运动员的头部必须露出水面。

专业游泳运动员等级标准

男子	国际级健将		运动健将		一级		二级		三级		少年级	
	50米池	25米池	50米池	25米池	50米池	25米池	50米池	25米池	50米池	25米池	50米池	25米池
50米蝶泳	00'23"51	00'22"51	00'24"89	00'23"89	00'27"00	00'26"00	00'32"50	00'31"50	00'41"50	00'40"50	00'52"00	00'51"00
100米蝶泳	00'51"92	00'50"42	00'55"45	00'53"95	01'00"00	58"50	01'11"00	01'09"50	01'29"00	01'27"50	01'55"00	01'54"00
200米蝶泳	01'58"59	01'53"59	02'02"70	01'59"70	02'14"00	02'11"00	02'38"00	02'35"00	03'18"00	03'15"00	04'02"00	04'00"00
女子	国际级健将		运动健将		一级		二级		三级		少年级	
	50米池	25米池	50米池	25米池	50米池	25米池	50米池	25米池	50米池	25米池	50米池	25米池
50米蝶泳	00'27"32	00'26"32	00'28"57	00'27"57	00'30"50	00'29"50	00'36"50	00'35"05	00'45"50	00'44"50	00'55"00	00'54"00
100米蝶泳	00'59"30	00'57"80	01'02"81	01'01"31	01'08"00	01'06"50	01'20"00	01'18"50	01'39"00	01'37"50	02'02"00	01'59"00
200米蝶泳	02'10"78	02'07"78	02'17"59	02'14"59	02'25"00	02'22"00	02'54"50	02'51"50	02'38"00	02'35"00	04'08"00	04'05"00

全国游泳锻炼等级标准

适用范围	竞技项目	一级（金海豚）	二级（银海豚）	三级（粉海豚）	四级（绿海豚）	五级（蓝海豚）
小学生	50米蝶泳	01′35″00	—	—	不限泳式，连续游完50米	不限泳式，连续游完25米
中学生	50米蝶泳	01′40″00	—	—	不限泳式，连续游完100米	不限泳式，连续游完50米
成年女子	50米蝶泳	01′08″00	—	—	—	不限泳式 在02′30″00内游完50米
	100米蝶泳	02′25″00	—	—	—	
	200米个人混合泳	04′35″00	—	—	—	
成年男子	50米蝶泳	00′50″00	—	—	—	不限泳式 在02′10″00内游完50米
	100米蝶泳	01′50″00	—	—	—	
	200米个人混合泳	04′20″00	—	—	—	

蝶泳动作过程

两臂微屈前移，并在同肩宽的地方入水。两腿由屈腿用力向后下方做第一次打水。同时，躯干做提臀展胸的动作。这时低头憋气。

动作1

两臂入水后，两肩积极向前伸，两手向两侧分开，两腿向下做打水动作，随着腿部向下的打水动作，使臀部上升。

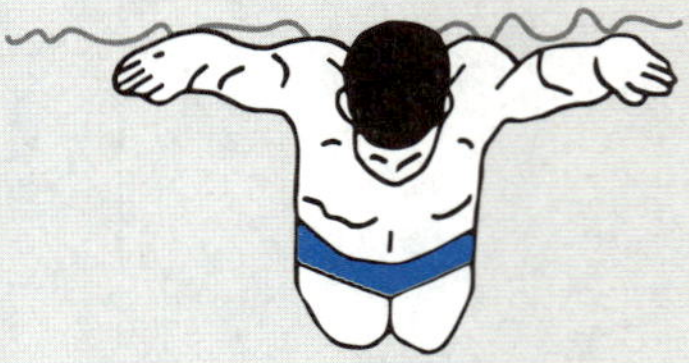

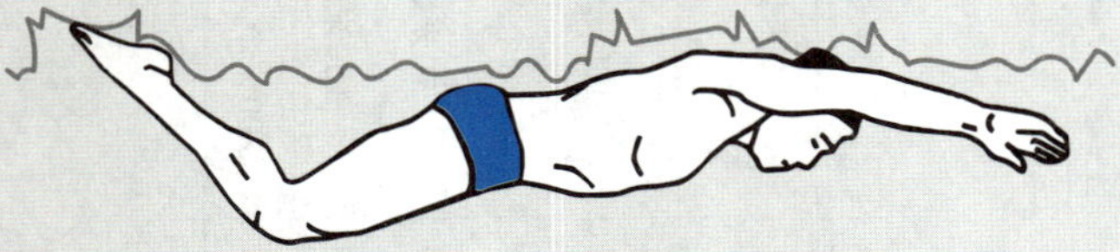

动作2

两臂继续前伸，两手向两侧分开的同时，逐渐内旋，使两手高于头和肩部的位置。同时，完成第一次打水动作，两腿伸直，使两脚处于最低点。而使臀部处于最高点。这时低头呼气。

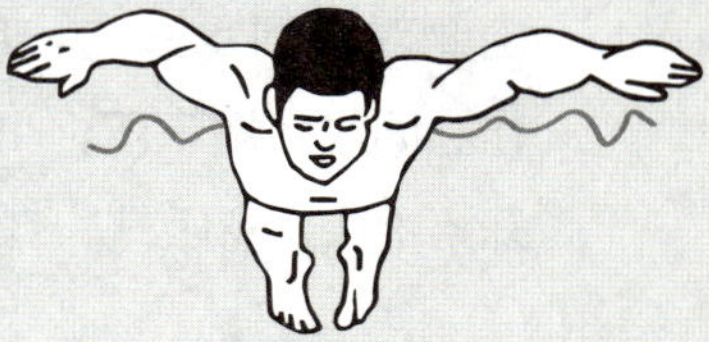

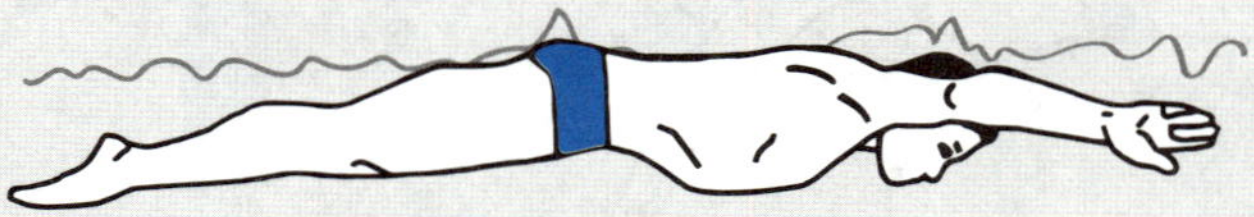

动作3

臂向两侧划到最大宽度时，就向后下方划，肘部提起。两腿已完成第一次打水动作，正在做第二次打水的准备。这时继续呼气。

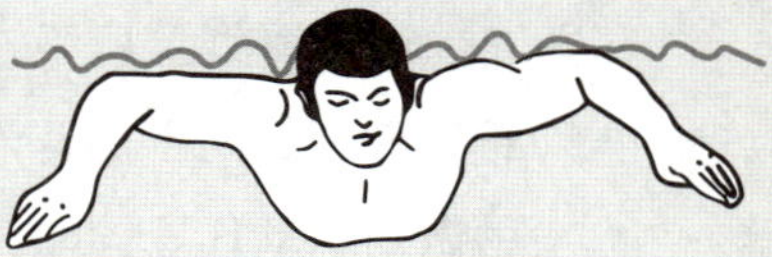

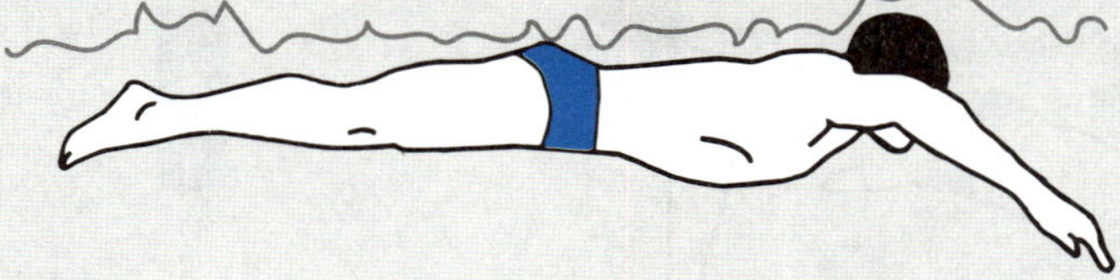

动作4

两臂继续屈臂并向内靠拢，以掌心及前臂内侧对准划水方向，用力加速向后做划水动作。同时大腿下压，小腿继续向上弯曲，这时开始抬头准备吸气。

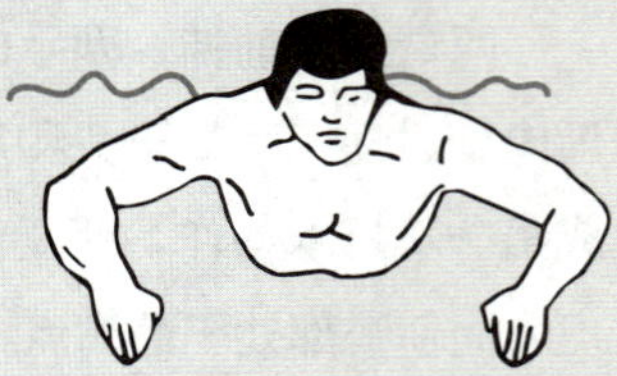

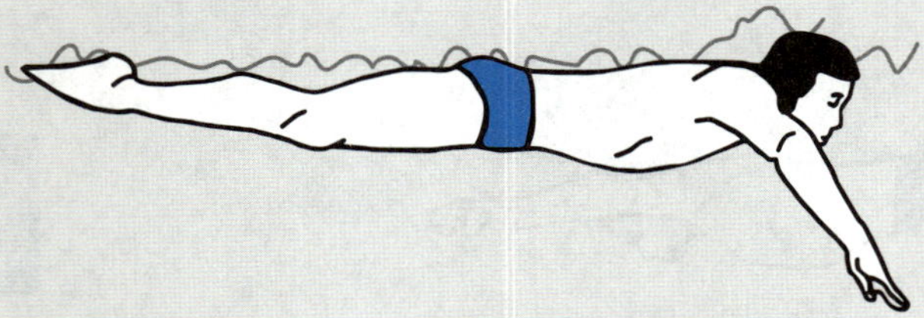

动作5

当两臂划至肩下方时，屈肘内划，向身体靠拢。两手加速沿腹下方用力继续向后做划水动作。同时完成屈膝动作，使脚处于最高点，并开始用力向后下方做第二次打水。这时继续呼气。

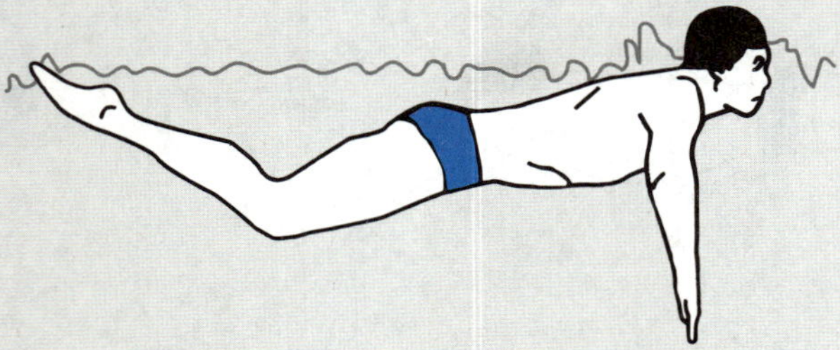

动作6

颈部伸展，下颚向前，头部抬起，接着手臂完成划水。开始迅速吸气。向下打水和划水是同时进行的。

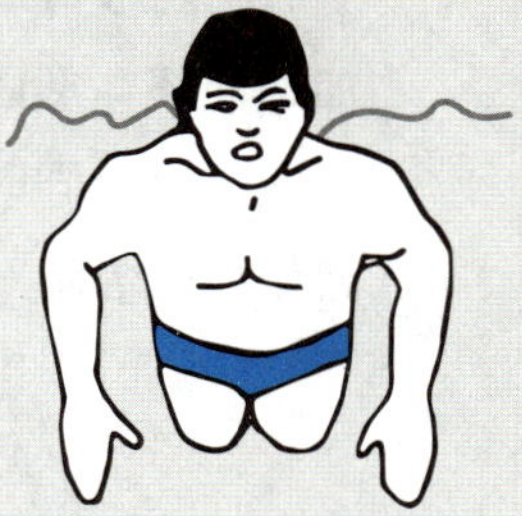

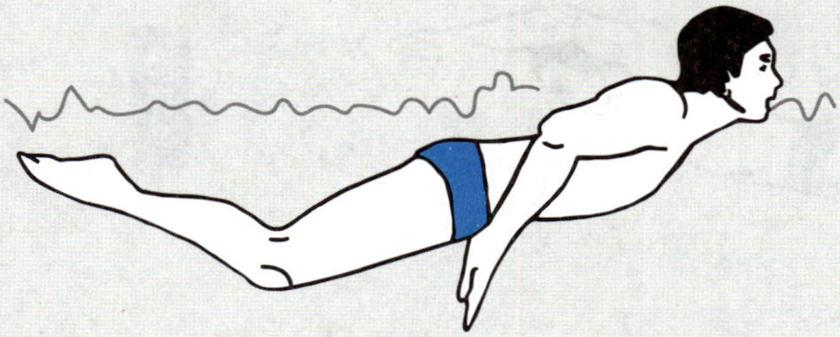

动作7

当开始移臂时，吸气已完成，同时第二次向下打水也完成。

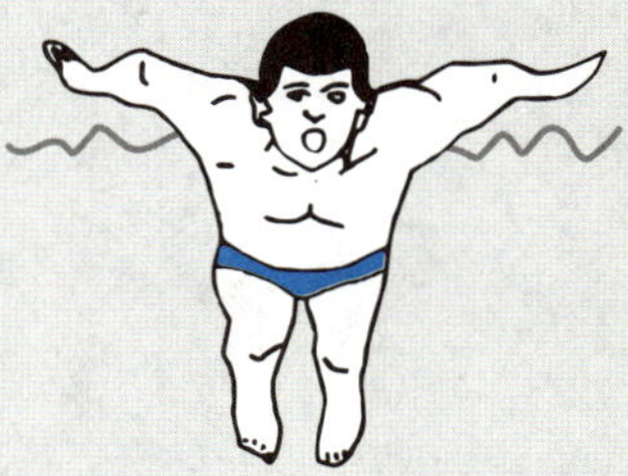

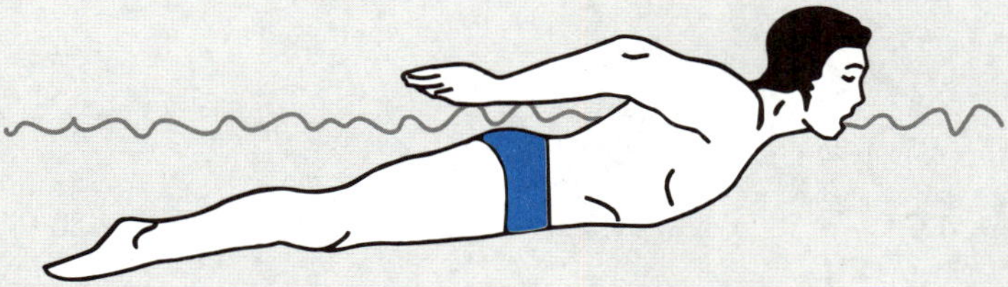

动作8

利用移臂的惯性，两臂放松经由空中加速前移，然后两手在头前方肩延长线处准备入水。同时，腿继续向上动。这时移臂和吸气结束，并开始低头。

动作9

蝶泳技术要领

蝶泳和爬泳腿、臂的动作很相似，只是在游蝶泳时是两臂和两腿同时做对称点动作。蝶泳（海豚泳）的技术协调性要求较高，学习顺序最好安排在学习爬泳后进行，躯干和腿动作的学习应强调先躯干不动，做屈腿小幅度打水，然后逐步过渡到展胸提臂的波浪状打水动作。其教学口诀是：

水平俯卧成流线，低头移臂扑向前，
波浪打水推手吸，展胸提臂腰发力。

在蝶泳臂动作学习中，应强调屈臂划水方向的主要用力是在向后推水阶段。并强调利用向后用力划水的惯性向前移臂。蝶泳臂的动作可运用如下口诀进行学习：

两臂入水比肩宽，入水同时要伸肩，
两臂抱水不分家，前宽后窄加速划。

腿臂呼吸配合动作学习中，应强调有节奏的打水，要求第二次打水应与两臂向后划水同时进行。腿臂呼吸配合可运用如下口诀进行学习：

首次打腿臂入水，划到胸下再打腿，
低头伸臂慢呼气，加速推水抬头吸。

蝶泳教法练习

动作1

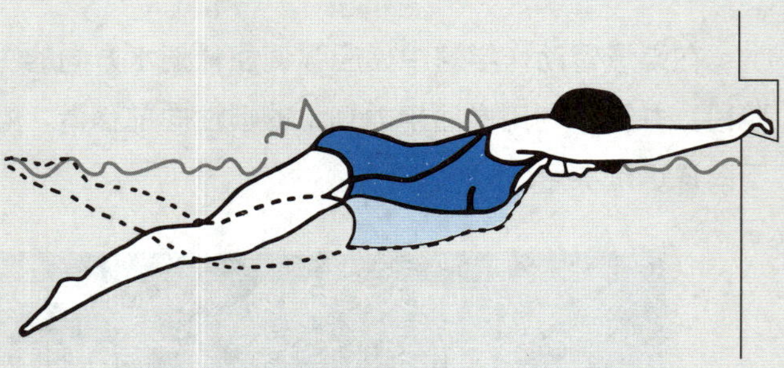

扶池边做躯干和腿的打水练习

手扶池边，身体自然伸展，低头，肩浸入水中，两腿自然并拢，两膝微屈。先做两腿向后下方的打水动作，然后过渡到展胸提臂的波浪状打水动作（动作1）。

动作2

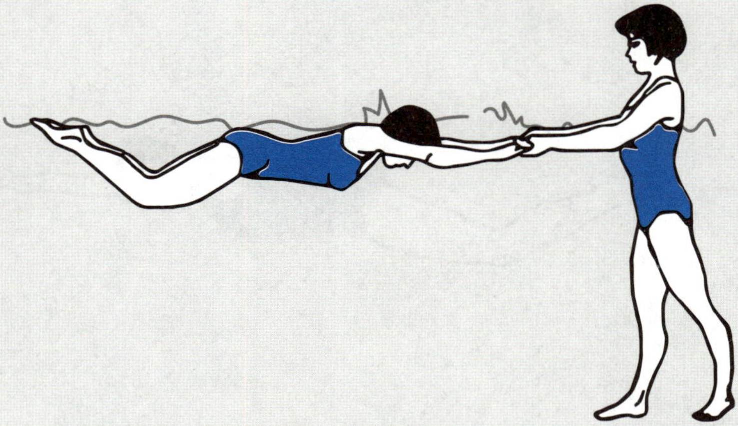

在浅水池中做躯干和腿打水动作练习

帮助者拉着练习者的双手逐步后退，练习者两腿并拢做躯干和腿的波浪状打水动作。注意向下方打水时应用力，向上打水时应自然放松。(动作2)。

动作3

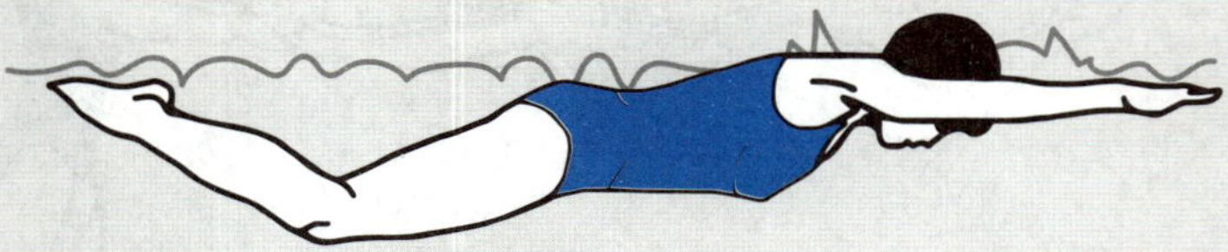

滑行做躯干和腿波浪状打水动作练习

两臂前伸，蹬边后憋气做躯干和腿波浪状打水动作练习（动作3）。

动作4

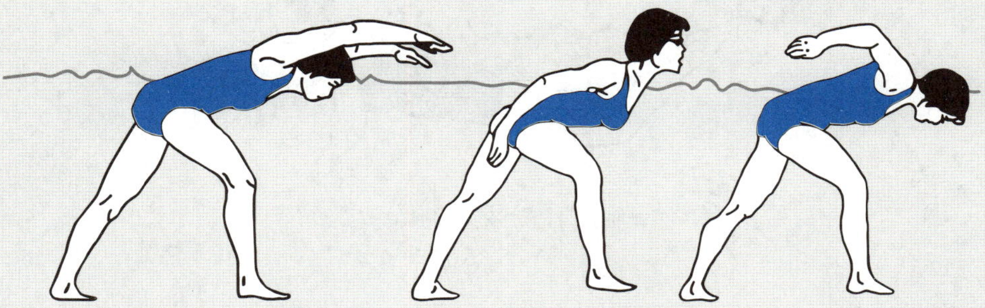
1. 两臂伸直肩前入水，慢呼气。 2. 加速划水（推水），抬头吸气。 3. 空中移臂，低头憋气。

陆上做臂和呼吸动作模仿练习

两臂前后开立，上体前倾。两臂前伸，模仿臂的划水动作。体会划水路线和移臂动作。当掌握了划水路线和移臂动作后，可与呼吸动作结合起来进行练习（动作4）。

动作5

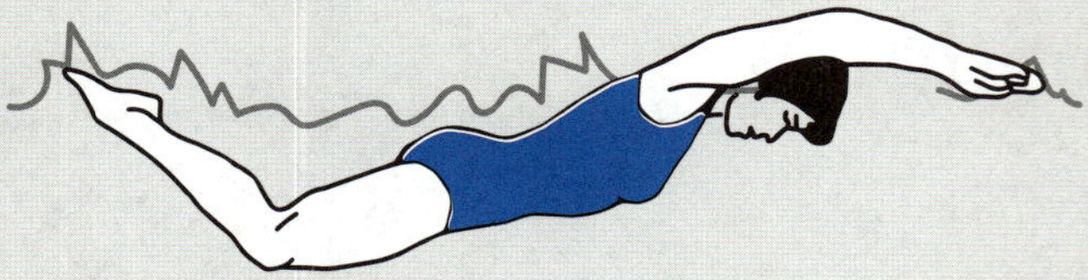

1.臂入水，打第一次腿，低头呼气。

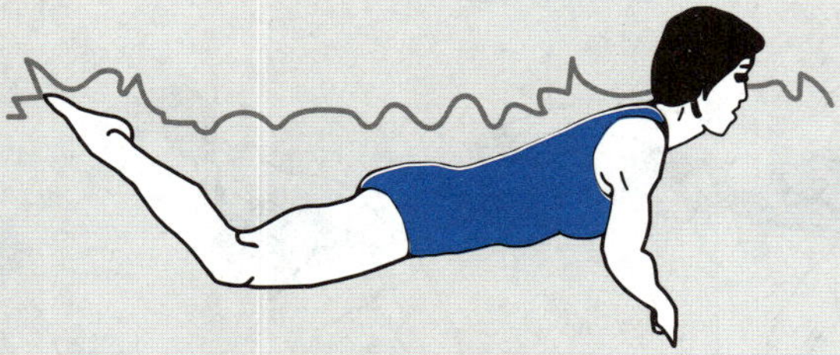

2.臂推水，打第二次腿，抬头吸气。

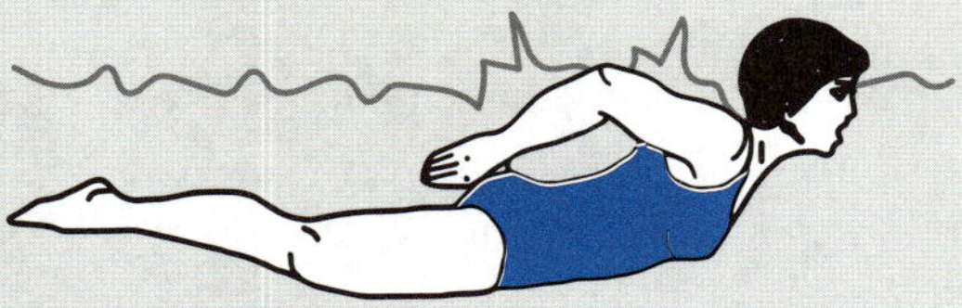

3.臂出水，第二次打腿结束，腿上升，准备打第一次腿，吸气结束。

完整配合练习

可先憋气做一至两次打水动作、两臂划水一次的动作练习。在上述练习的基础上，逐渐过渡到腿打水两次、臂划水一次、呼吸一次的完整配合动作练习（动作5）。

仰泳技术

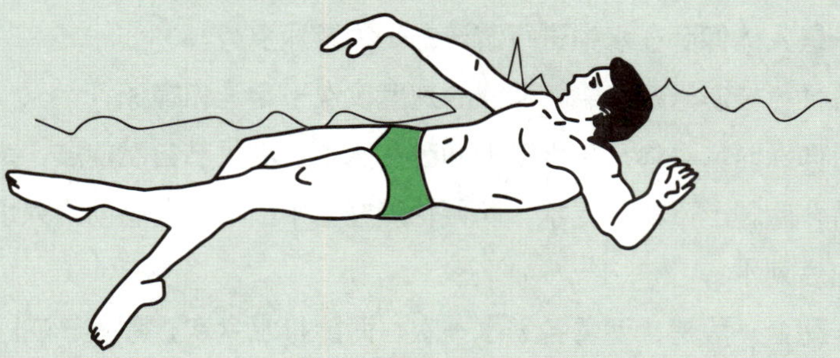

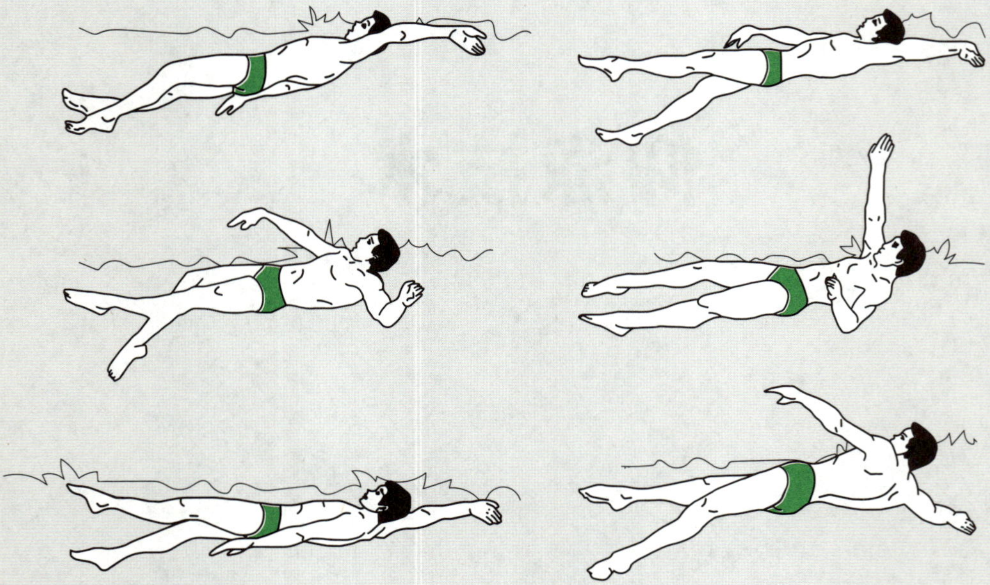

仰泳简介

- 仰泳是人体仰卧在水中进行游泳的一种游泳姿势。
- 在各种竞技游泳速度中，仰泳的速度仅次于爬泳和蝶泳。
- 当游仰泳时，身体几乎水平地仰卧在水中，髋关节自然伸展，头、肩稍高于臀，两腿上下交替踢水，两臂轮流经空中前移，在肩前方入水，再经体侧向后划水。
- 动作配合一般是：两臂各划水一次，两腿打水六次，呼吸一次。
- 在竞技游泳比赛中，仰泳项目有：50米、100米和200米。

比赛规则

- 出发时运动员面对出发端，两手抓住握手器，两脚（包括脚趾）应处于水面下，禁止蹬在水槽内或水槽上或用脚趾勾住水槽边。
- 出发和转身后；运动员应蹬离池壁，并在整个游进过程中呈仰卧姿势。
- 在整个游进过程中，运动员身体的某部分必须露出水面。在转身过程中，允许运动员完全潜入水中。但在出发和每次转身后，运动员潜泳距离不得超过15米，在15米前运动员的头必须完全露出水面。
- 在转身过程中，当运动员肩的转动超过垂直面后，可进行一次连续单臂划水或双臂同时划水动作，并在该动作结束前开始滚翻。一旦改变仰卧姿势，就不允许做与连续转身动作无关的打水或划水动作。运动员必须呈仰卧姿势蹬离池壁。转身时运动员身体的某部分必须触壁。
- 运动员在到达终点时，必须以仰卧姿势触壁。

注：“除在做转身动作外”应理解为“只有在完成连贯的转身动作过程中才可以改变仰卧姿势”。

专业游泳运动员等级标准

男子	国际级健将		运动健将		一级		二级		三级		少年级	
	50米池	25米池	50米池	25米池	50米池	25米池	50米池	25米池	50米池	25米池	50米池	25米池
50米仰泳	00'25"24	00'24"24	00'27"43	00'26"43	00'30"50	00'29"50	00'35"50	00'34"50	00'43"00	00'42"00	00'51"00	00'50"00
100米仰泳	00'53"92	00'52"92	00'58"45	00'57"45	01'04"00	01'03"00	01'14"00	01'13"00	01'30"00	01'29"00	01'52"00	01'51"00
200米仰泳	01'57"90	01'55"90	02'06"45	02'04"45	02'18"00	02'16"00	02'41"00	02'39"00	03'16"00	03'13"00	04'04"00	04'02"00
女子	国际级健将		运动健将		一级		二级		三级		少年级	
	50米池	25米池	50米池	25米池	50米池	25米池	50米池	25米池	50米池	25米池	50米池	25米池
50米仰泳	00'29"63	00'28"63	00'31"23	00'30"23	00'33"00	00'32"00	00'38"50	00'37"50	00'46"50	00'45"50	00'51"00	00'50"00
100米仰泳	01'02"05	01'01"05	01'05"17	01'04"17	01'09"00	01'08"00	01'21"00	01'20"00	01'41"00	01'40"00	01'58"00	01'57"00
200米仰泳	02'12"44	02'10"44	02'20"70	02'18"70	02'29"50	02'27"00	02'53"00	02'51"00	03'38"50	03'46"50	04'08"00	04'06"00

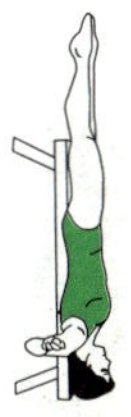

全国游泳锻炼等级标准

适用范围	竞技项目	一级（金海豚）	二级（银海豚）	三级（粉海豚）	四级（绿海豚）	五级（蓝海豚）
小学生	50米仰泳	01′40″00	02′00″00	02′20″00	不限泳式，连续游完50米	不限泳式，连续游完25米
中学生	50米仰泳	01′10″00	—	—	不限泳式，连续游完100米	不限泳式，连续游完50米
成年女子	50米仰泳	01′10″00	01′20″00	01′30″00	01′40″00	不限泳式 在02′30″00内游完50米
	100米仰泳	02′30″00	02′40″00	03′15″00	03′40″00	
	200米个人混合泳	04′35″00	—	—	—	
成年男子	50米仰泳	00′50″00	00′58″00	01′10″00	01′30″00	不限泳式 在02′10″00内游完50米
	100米仰泳	01′50″00	02′20″00	02′25″00	02′55″00	
	200米个人混合泳	04′20″00	—	—	—	

仰泳动作过程

动作开始时，左臂伸直，上臂靠近耳侧，五指自然并拢小指朝下，在肩前的延长线处入水。右臂向后下方做推水动作。

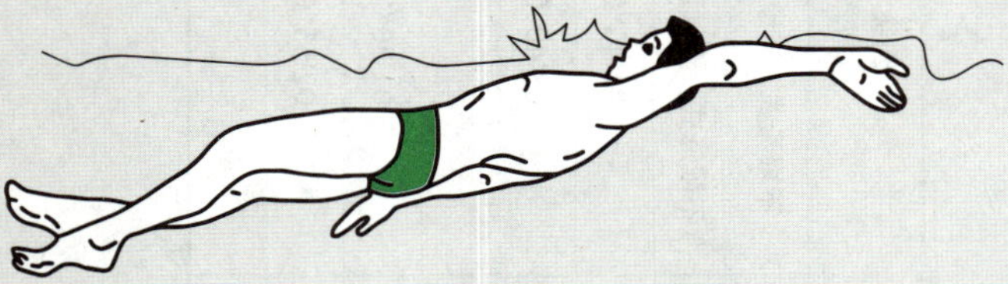

动作1

左臂入水后，向前下方滑，随着手向后划水的同时，肘关节逐渐弯曲，使前臂内侧及手掌更好地向后对准划水方向，与此同时，右臂提出水面。

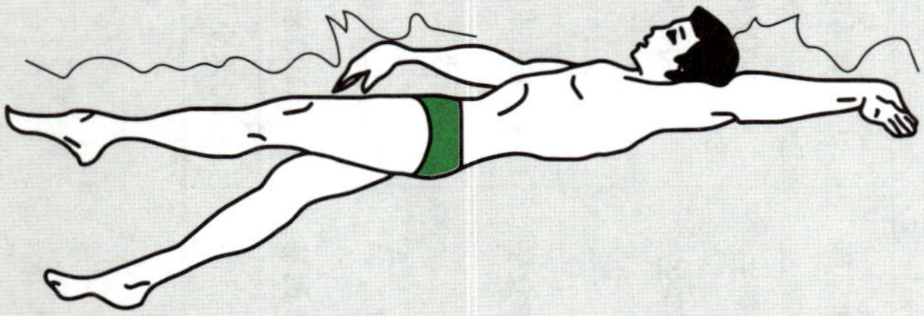

动作2

左臂随着肘关节的逐渐弯曲，使手向上移动并接近水面，而肘关节朝下。这时肘关节弯曲的角度约为150°～160°角，从而使整个手臂处于最有利对准划水方向，与此同时，右臂经空中上移。

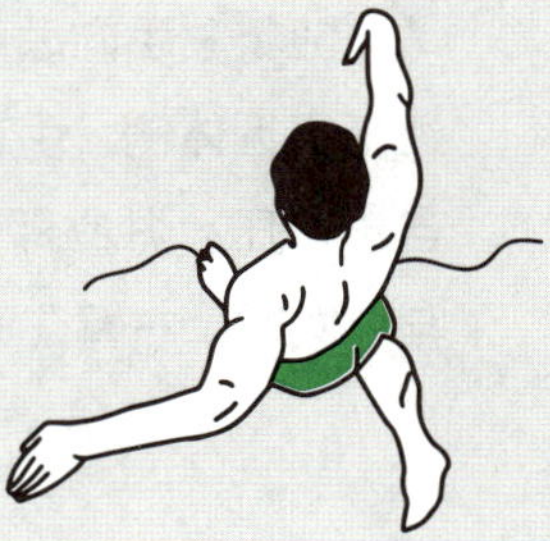

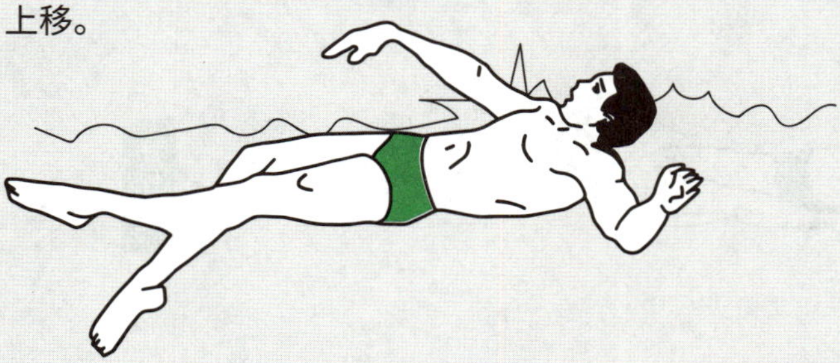

动作3

当左手划至肩延长线处，两使整个手臂形成最有利的对准划水方向位置后，使手掌、前臂和上臂同时用力向脚的方向推水。与此同时，右臂继续由空中以直臂前移。

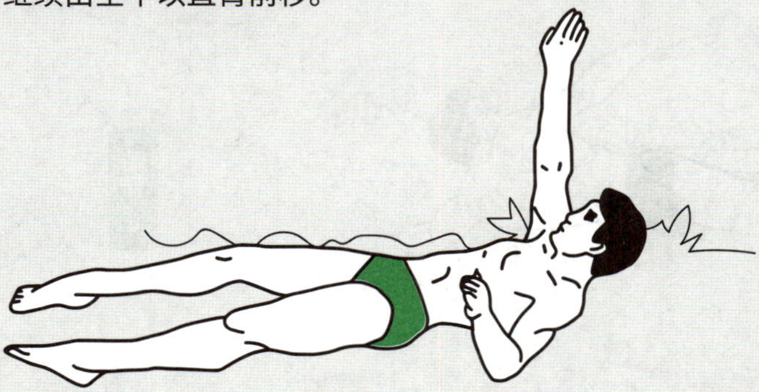

动作4

随着左手向后下方的推水动作，肘和上臂逐渐靠近体侧，手在大腿旁结束推水时，手掌自然下压，并立即放松准备做提臂出水动作。与此同时，右臂在肩前延长线处入水。

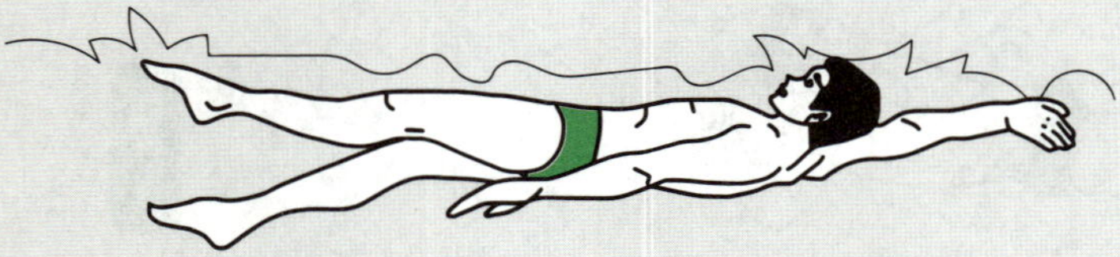

动作5

左臂划水结束后，手腕自然放松，在肩和大腿带动下，以手臂朝上立即提出水面。与此同时，右臂入水后，做向前滑下动作。

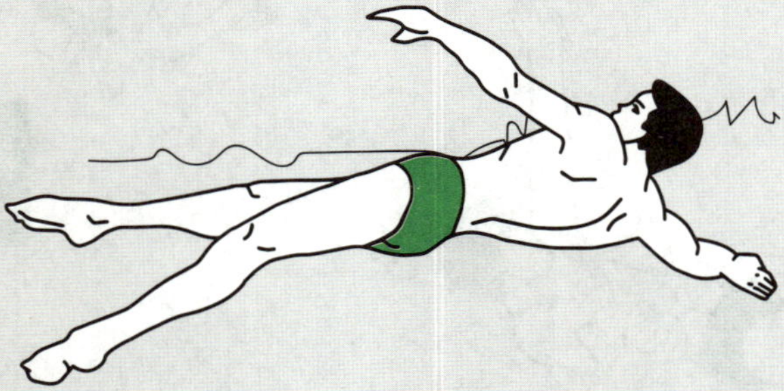

动作6

左臂入水后，成直臂放松前移。与此同时，右臂用力加速向后划水。

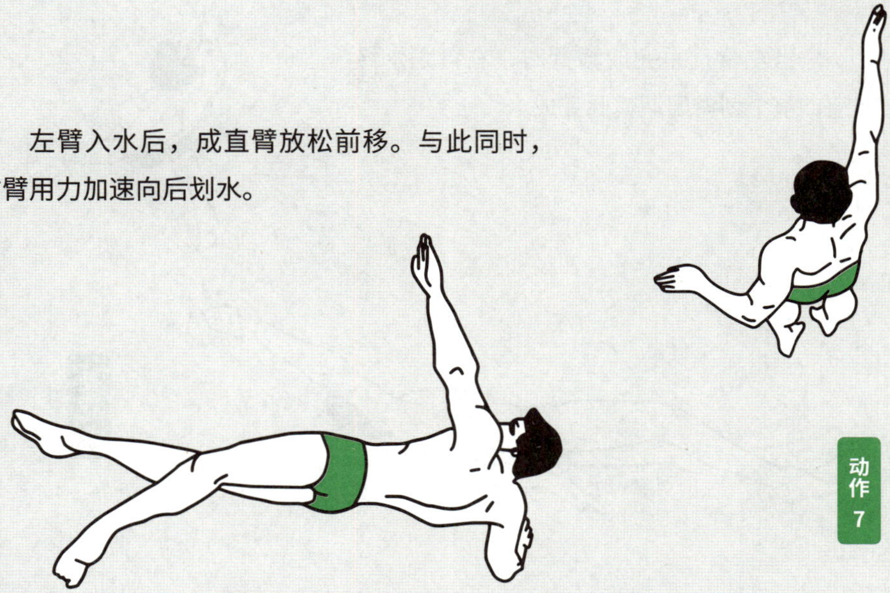

动作7

随着左臂经空中的迅速前移，上臂逐渐内旋，使手掌朝外、小指朝前，同时，肩部充分伸展，以便使手掌做好入水的准备。与此同时，右臂推水结束。

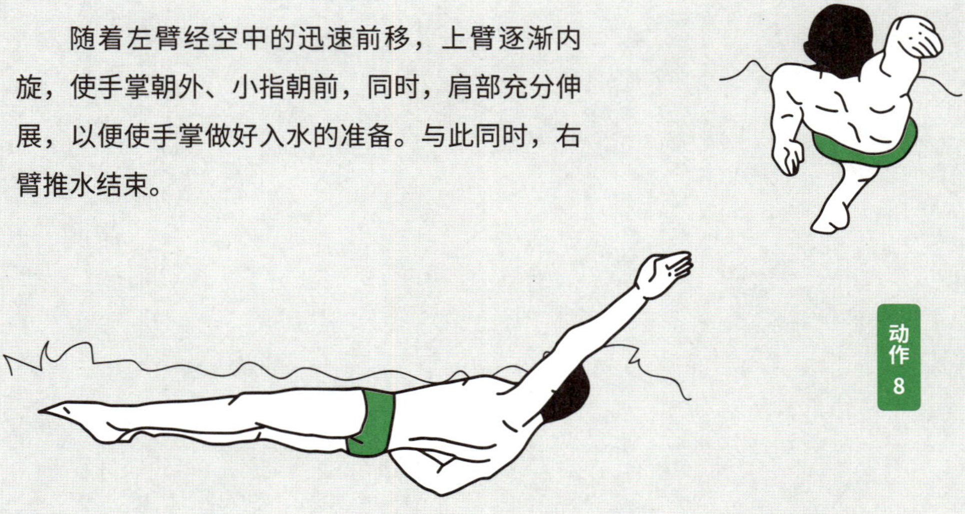

动作8

当左臂几乎完成移臂时，右臂划水结束，整个划臂周期就此完成。

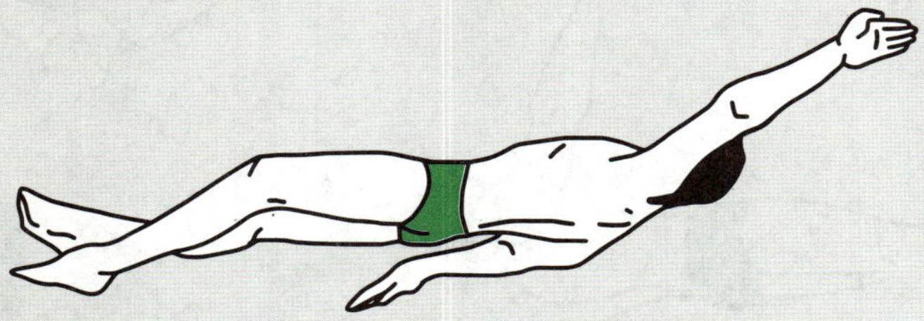

动作9

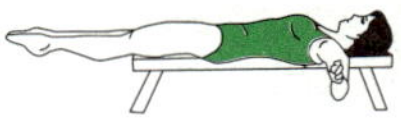

仰泳技术要领

当游仰泳时，身体要自然伸展，仰卧在水中呈较好的流线型姿势。头和肩部稍高，腰腹和腿部保持水平。

仰泳动作顺口溜为：

自然仰卧在水中，腹部微收稍展胸。
两腿上下来踢水，两臂轮流在划水。

仰泳两腿正确鞭状踢水时推进身体前进和掌握仰泳技术的基础。仰泳腿打水时膝关节的弯曲程度比爬泳稍大，仰泳学习中除强调屈腿上踢的动作外，还应重视直腿下压的动作。仰泳腿动作可运用如下口诀进行学习：

大腿来发力，小腿用力踢。
脚尖斜向里，鞭状来交替。

仰泳臂部动作是推进身体前进的主要动力。两臂是在不同的方向和部位做划水及空中移臂动作。为了便于初学者掌握两臂动作技术，在教学的开始阶段可先采用直臂划水的方法，然后逐渐过渡到掌握屈臂划水动作技术。

仰泳臂的动作可运用如下口诀进行学习：

空中移臂侧入水，屈臂沉肘对准水。
向后加速快推水，两臂轮流来划水。

仰泳教法练习

动作1

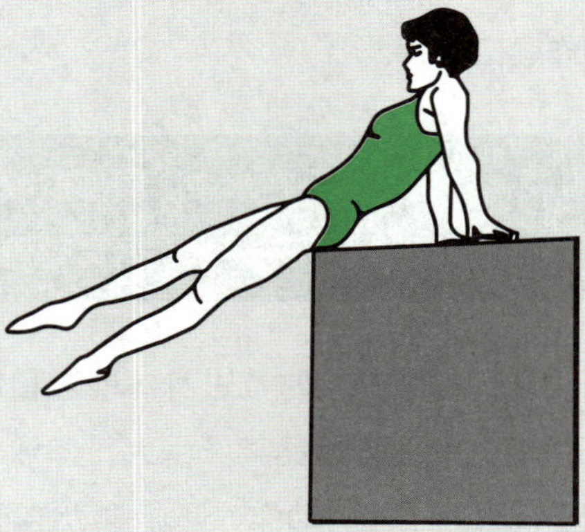

陆上仰坐打水动作习

坐在池边或台上，上体后仰，两臂后仰，两腿内旋，脚跟稍朝外侧，脚拇指斜相对，脚面伸直，脚踝放松，做屈腿上踢、直腿下压的模仿打水动作练习。练习时用眼看两腿动作（动作1）。

动作2

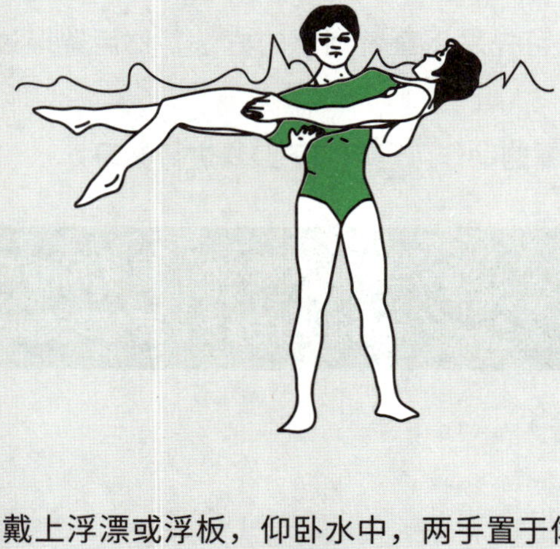

仰卧漂浮练习

练习者腰间戴上浮漂或浮板，仰卧水中，两手置于体侧，体会水中仰卧姿势。如果有条件（浅池）可进行双人配合协助仰卧漂浮动作的练习（动作2）。

动作3

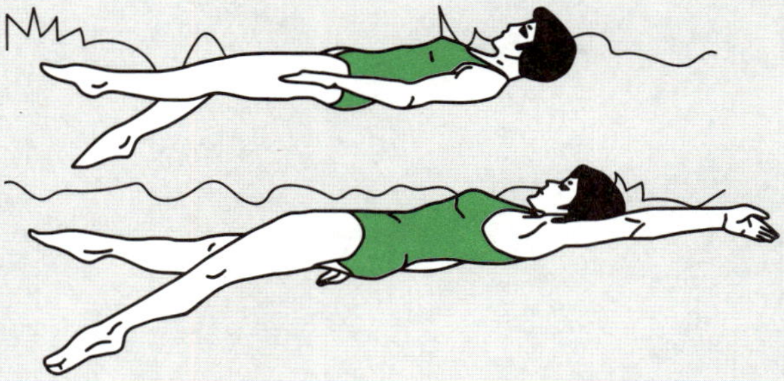

仰卧滑行打水练习

蹬边后仰卧滑行，两手置于体侧，做拨压水动作；或两臂伸直，上臂紧靠耳侧，进行两腿打水练习（动作3）。

动作4

陆上模仿划臂动作练习

原地站立，两臂上举做分解的单臂划水动作练习，体会划水路线。先可直臂做，然后过渡到屈臂做。最后可进行两臂连贯交替的划水动作练习（动作4）。

动作5

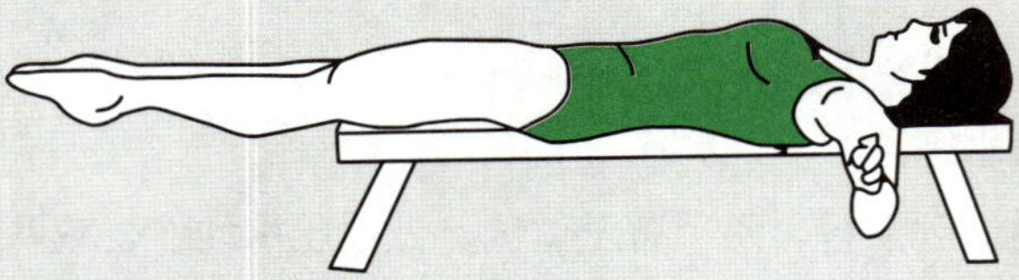

仰卧在池边或凳上模仿划臂动作练习

练习步骤与方法同动作4，但着重体会手在肩前入水点入水，体侧屈臂划水和屈臂推水至大腿侧后的下压及提臂动作（动作5）。

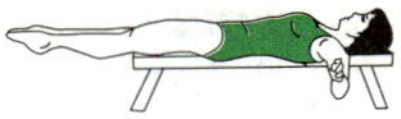

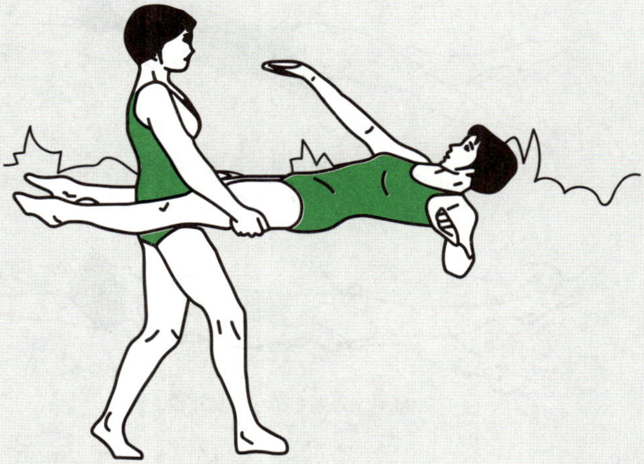

有帮助的水中划臂动作练习

在浅水池中，练习者自然仰卧于水中，有帮助者以两手扶住练习者的大腿部位，练习者身体放松做两臂交替的划水练习。

在上述练习的基础上，帮助者用力将其推出，练习者助滑行的惯性并加上两腿打水的动作，此即为仰泳技术的雏形。经几次重复练习后，可要求练习者逐渐加长游距（动作6）。

动作7

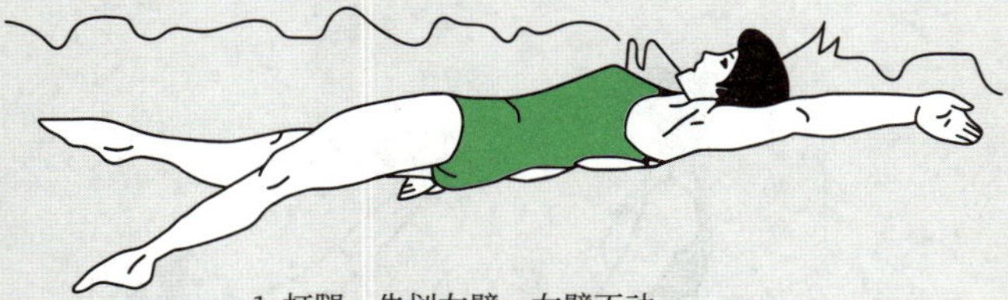

1. 打腿，先划左臂，右臂不动。

2. 打腿，先划右臂，左臂不动。

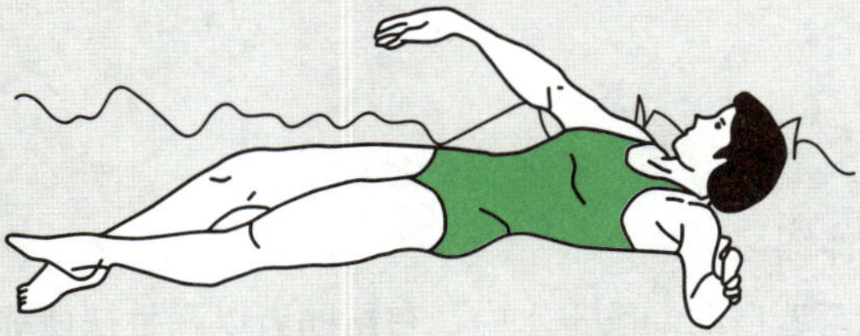

3. 打腿，左臂划水，右臂出水轮流交替划水。

水中腿臂配合动作练习

从两臂伸直并拢滑行打腿的预备姿势开始，同时可做臂和呼吸的配合动作练习：以一臂动作为例（如左臂），当臂划水过程中呼气，移臂过程中吸气（动作7）。

蛙泳技术

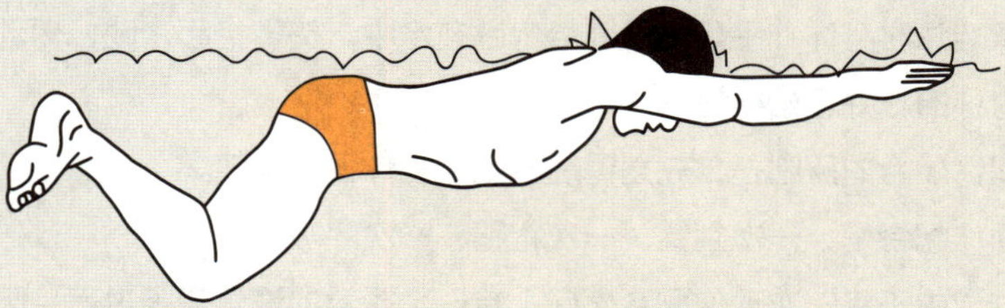

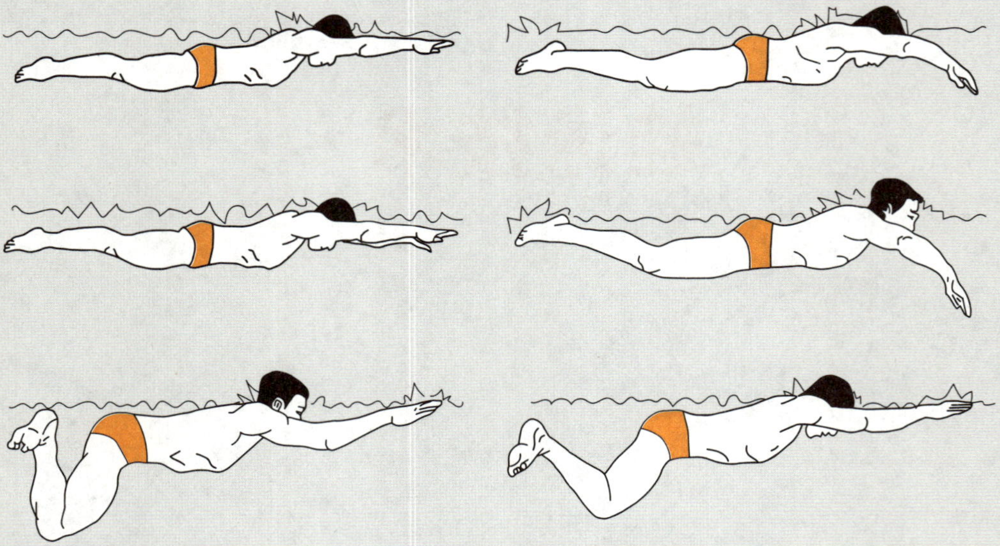

蛙泳简介

- 蛙泳是模仿青蛙游泳动作的一种泳姿。
- 游蛙泳时身体几乎呈水平姿势俯卧在水中，头微抬起，腿、臂动作是同时对称的，并且始终是在水下进行。
- 腿臂配合的原则是：先划臂后收腿，先伸臂后蹬腿。
- 动作配合是：一次划臂、一次蹬腿、一次呼吸。
- 蛙泳由于每一次动作配合之间，有一个短暂的漂浮滑行过程，因此，游起来既省力又持久。
- 在水中救护溺水者时，常采用蛙泳技术。
- 在竞技游泳比赛中，蛙泳项目有：50米、100米和200米。

比赛规则

- 出发和每次转身后，从第一次手臂动作开始，身体应保持俯卧姿势，两肩应与水面平行。
- 两肩和两腿的所有动作都应同时并在同一平面上进行，不得有交替动作。
- 两手应同时在水面、水下或水上由胸前伸出，并在水面或水下向后划水，除最后一个动作外，在手臂的完整动作中，两肘不得露出水面。除出发和每次转身的第一次划水动作外，两手向后划水不得超过臂线。
- 在蹬腿过程中，两脚必须做外翻动作，不允许做剪夹上下交替打水或向下的海豚式打水动作。只要不做向下的海豚式打腿动作，允许两脚露出水面。
- 在每一次转身和到达终点时，两手应在水面、水上或水下同时触壁，触壁前两肩应与水面平行。在触壁前的最后一次向后划水动作结束后，头可以潜入水中，但在触壁前的一个完整或不完整的配合动作中，头应部分地露出水面。
- 在每个以一次划臂和一次蹬腿顺序完成的完整动作周期内，运动员的某一部分应露出水面，只有在出发和每次转身后，运动员可在全身没入水中时。做一次手臂充分的向后划至腿部的动作和一次蹬腿动作，但在第二次划臂至最宽点并在两手向内划水前，头必须露出水面。

专业游泳运动员等级标准

男子	国际级健将		运动健将		一级		二级		三级		少年级	
	50米池	25米池	50米池	25米池	50米池	25米池	50米池	25米池	50米池	25米池	50米池	25米池
50米蛙泳	00'27"47	00'26"47	00'28"75	00'27"75	00'32"50	00'31"50	00'37"00	00'36"00	00'44"00	00'43"00	00'52"00	00'51"00
100米蛙泳	01'00"23	00'58"23	01'03"80	01'01"80	01'11"00	01'09"00	01'20"00	01'18"00	01'34"00	01'32"00	01'55"00	01'53"00
200米蛙泳	02'11"75	02'07"75	02'21"90	02'17"90	02'35"00	02'31"00	02'54"00	02'50"00	03'23"00	03'19"00	04'02"00	03'58"00
女子	国际级健将		运动健将		一级		二级		三级		少年级	
	50米池	25米池	50米池	25米池	50米池	25米池	50米池	25米池	50米池	25米池	50米池	25米池
50米蛙泳	00'32"14	00'31"14	00'33"52	00'32"52	00'36"00	00'35"00	00'41"00	00'40"00	00'48"00	00'47"00	00'55"00	00'54"00
100米蛙泳	01'09"38	01'07"38	01'13"29	01'11"29	01'18"00	01'16"00	01'29"00	01'27"00	01'44"00	01'42"00	02'00"00	01'59"00
200米蛙泳	02'28"04	02'24"04	02'37"41	02'33"41	02'51"00	02'47"00	03'13"00	03'09"00	03'48"00	03'44"00	04'08"00	04'04"00

全国游泳锻炼等级标准

适用范围	竞技项目	一级（金海豚）	二级（银海豚）	三级（粉海豚）	四级（绿海豚）	五级（蓝海豚）
小学生	50米蛙泳	01′40″00	02′00″00	02′00″00	不限泳式，连续游完50米	不限泳式，连续游完25米
中学生	50米蛙泳	01′20″00	01′30″00	01′40″00	不限泳式，连续游完100米	不限泳式，连续游完50米
成年女子	50米蛙泳	01′10″00	01′20″00	01′30″00	01′40″00	不限泳式 在02′30″00内游完50米
	100米蛙泳	02′30″00	02′50″00	03′20″00	03′40″00	
	200米个人混合泳	04′35″00	—	—	—	
成年男子	50米蛙泳	00′50″00	00′58″00	01′00″00	01′30″00	不限泳式 在02′10″00内游完50米
	100米蛙泳	01′50″00	02′05″00	02′26″00	02′58″00	
	200米个人混合泳	04′20″00	—	—	—	

蛙泳动作过程

身体滑行时，两臂充分向前伸展，拇指相靠，掌心朝下，两腿并拢，腰部适度收紧。身体姿势：腿、臂伸直并拢，头的后部微露出水面，使身体处于高位状态，呈流线型滑行姿势。

动作1

在（动作1）姿势的基础上，上臂内旋，两手向两侧分开，比肩稍宽，使掌心向斜下方对准划水方向，成准备划水姿势（俗称抱水动作）。

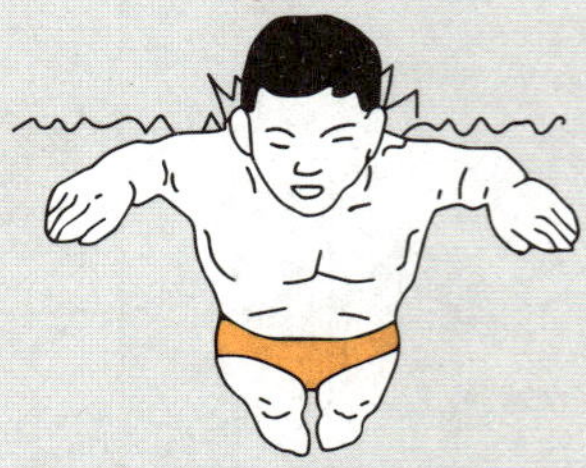

动作2

继续屈臂向侧后方划动，以掌心、前臂和上臂内侧对准划水方向，逐渐加速用力划水。此时处于短暂的憋气状态。

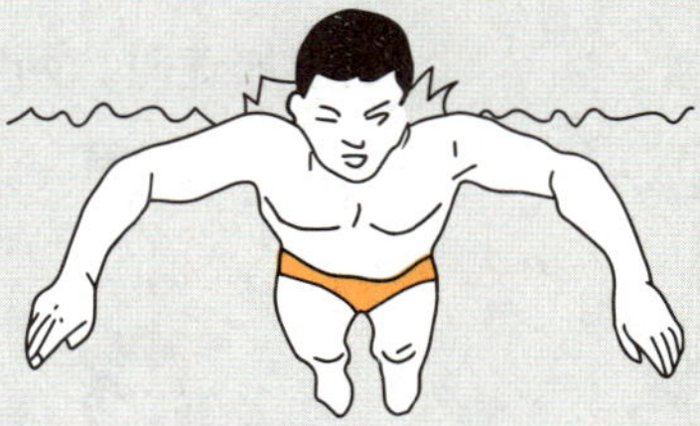

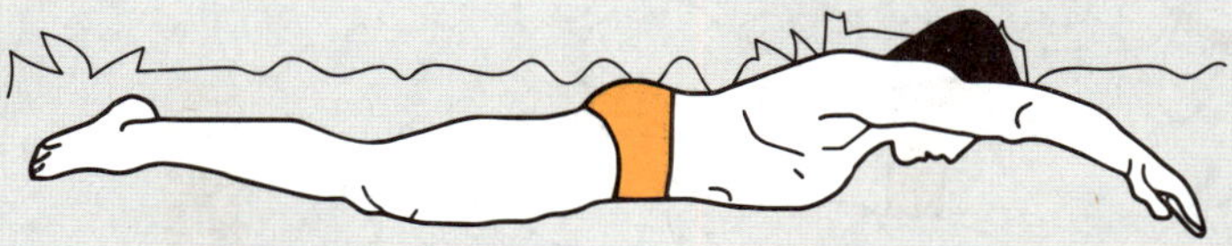

动作3

两臂继续划向前胸、向内划动，对准划水方向加速划水。大腿带动小腿，同时边收腿边分脚。准备抬头吸气。

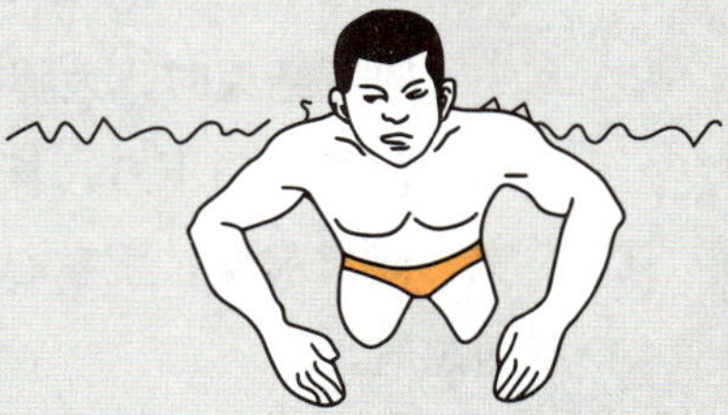

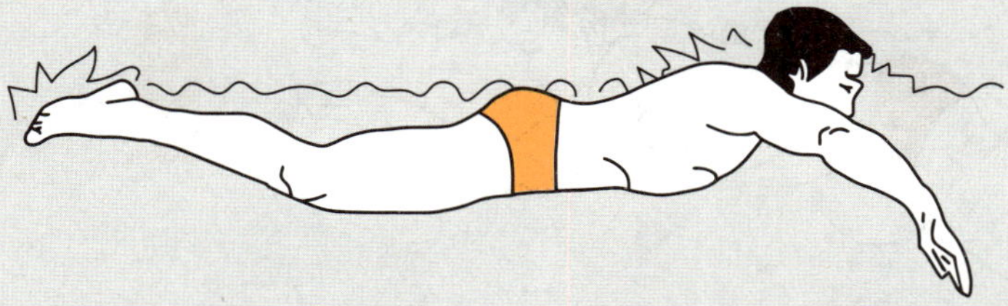

动作4

划水加速时，两手在颌下呈掌心斜相对。并继续做收腿动作。与此同时抬头，迅速吸气。

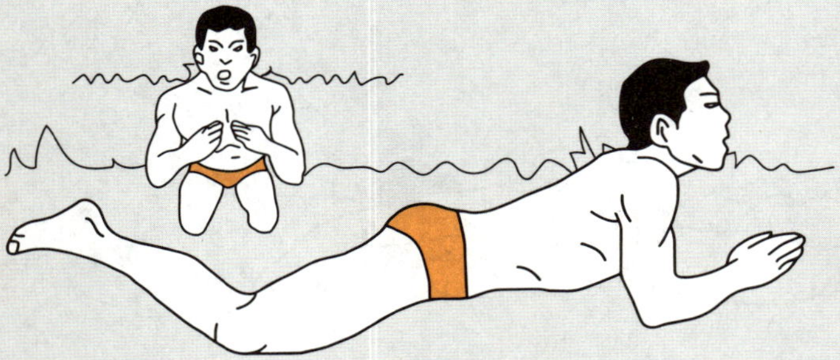

动作5

收腿结束时，大腿与躯干约形成120°角，两膝朝斜下方，其内侧约与髋关节同宽。两臂前伸，使掌心逐渐转向下方。短暂憋气。

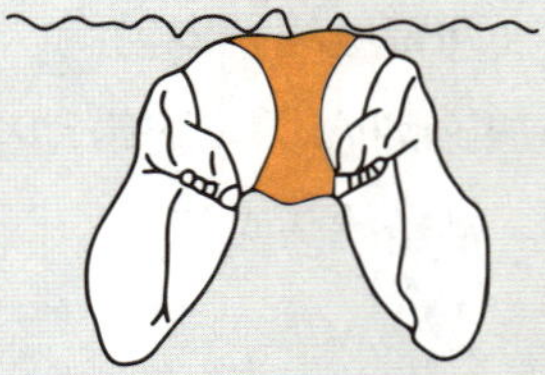

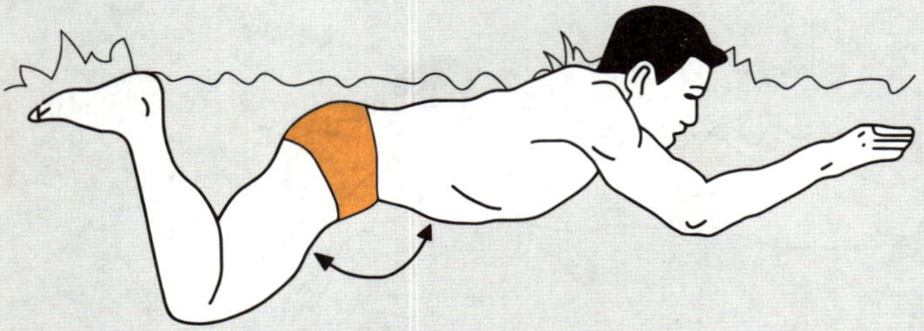

动作6

收腿结束时两脚立即外翻，形成脚尖朝侧、脚掌朝上，以脚弓及小腿内侧朝后对准蹬水方向，此时小腿约与水面垂直。两臂继续前伸，准备呼气。

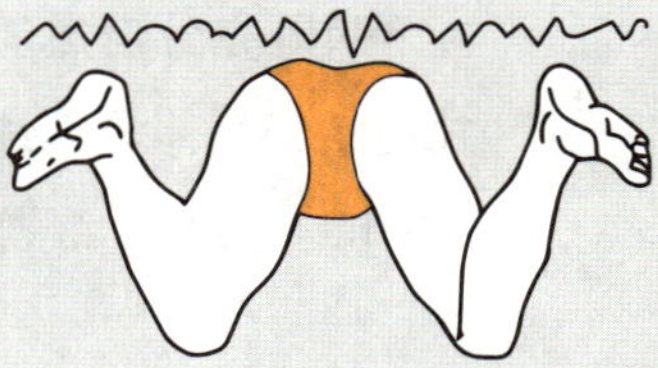

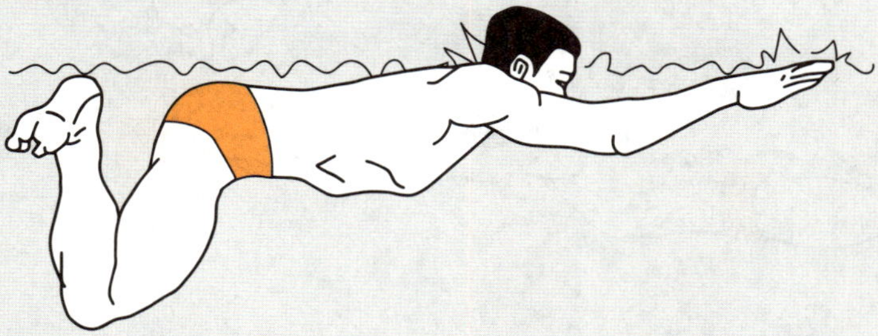

动作7

两臂向前伸直时，两腿用力向侧、向后快速做弧蹬夹水。同时开始呼气。

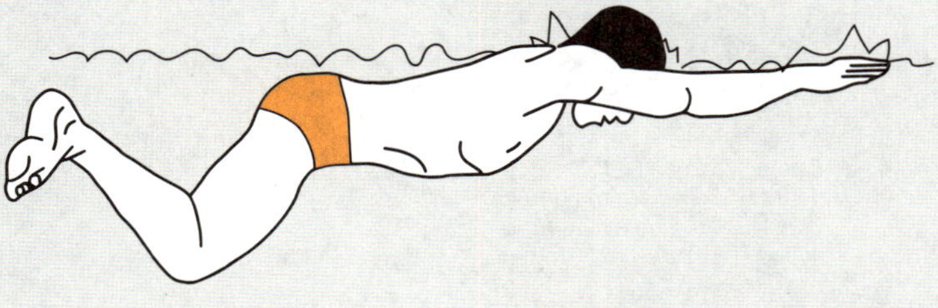

动作8

两臂充分自然前伸，蹬腿结束，两腿并拢，使身体呈流线型向前滑进。还原成（动作1）姿势，继续做水中呼气。

动作9

蛙泳技术要领

蛙泳技术中，腿的动作是掌握蛙泳技术的基础，在蛙泳学习中应抓住收腿、翻脚、蹬夹、滑行（漂浮）四个主要环节。即在腿的一次动作过程中，收腿要正确，翻脚要充分，蹬夹要连贯，滑行中身体要伸展。上述四个环节可运用如下口诀进行教学：

边收边分慢收腿，向外翻脚对准水。
弧形向后蹬夹水，伸直并拢漂一会。

在蛙泳的整个配合学习中，首先要明确在任何情况下，腿臂配合时间，都是先臂，臂的动作始终先于腿。臂腿动作可运用如下口诀进行学习：

划手腿不动，收手后收腿。
先伸胳膊再蹬腿，臂腿伸直漂一会。

在整个学习过程中呼吸是难点，必须贯彻始终。臂和呼吸配合可运用如下口诀进行学习：

低头伸臂慢呼气，划臂抬头快吸气。

蛙泳学习中，初学者易犯划臂过大，导致腿臂配合脱节。学习中可采用小划臂的方法，着重体会划臂的动作和路线。同时要注意两臂的前伸滑行动作，防止边伸边划。臂部动作可运用如下口诀进行学习：

两臂向外侧下划，屈臂抬肘速内收。
两手颌下转向前，并拢伸直稍停留。

蛙泳教法练习

动作1

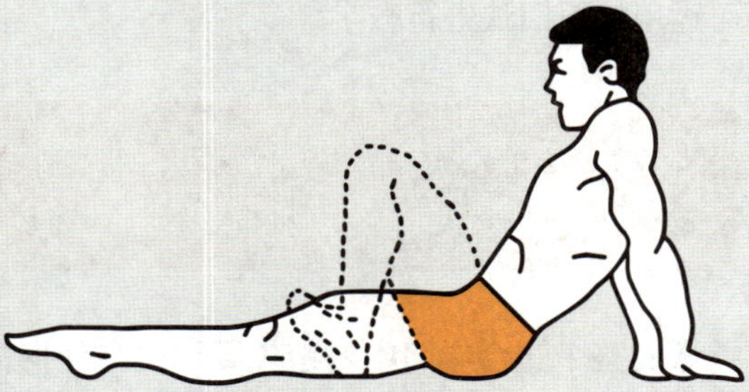

陆上仰坐模仿蹬腿动作练习

坐在地上或池边或台上，上体后仰，两臂后撑地。从两腿伸直开始，脚掌着地收腿，做模仿蛙泳的收、翻、蹬夹动作。练习时，两眼要看着脚的动作（动作1、动作2）。

动作2

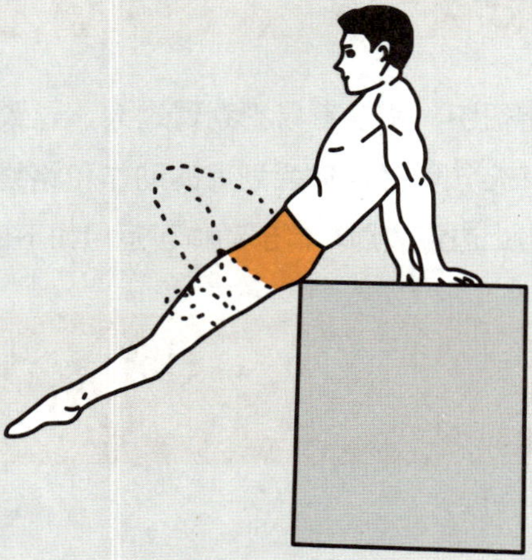

动作3

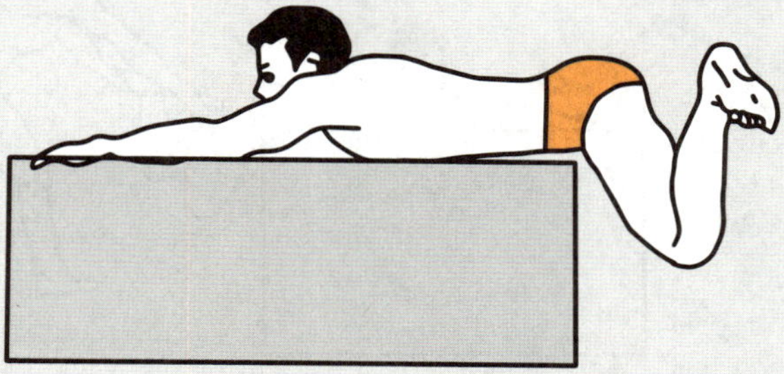

俯卧模仿蹬腿动作练习

俯卧在池边或出发台上，髋关节位于台端。做模仿蛙泳腿的收、翻、蹬夹动作（动作3、动作4）。注意该过程的动作路程，收时要注意边收边分慢收腿，蹬腿动作则要注意充分翻脚。练习中应注意慢收快蹬，伸直并拢的动作节奏。

动作4

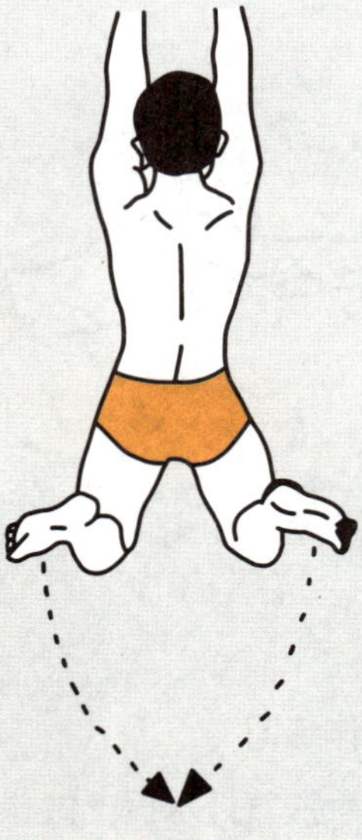

动作5

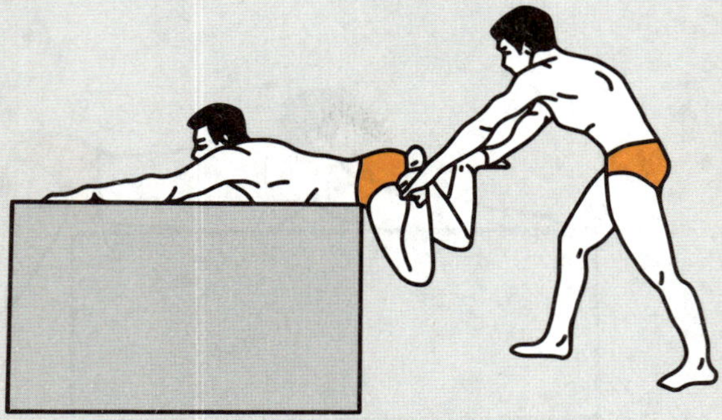

有帮助的蹬腿动作练习

练习者俯卧在台上，帮助者站在其身后，两手掌朝上或朝下，以虎口握着练习者两脚掌内侧，帮助练习者做收、翻、蹬夹动作的练习（动作5）。

动作6

水中扶板蹬腿滑行动作练习

俯卧在水中，双手扶着打水板，做腿的收翻、蹬夹动作练习（动作6）。

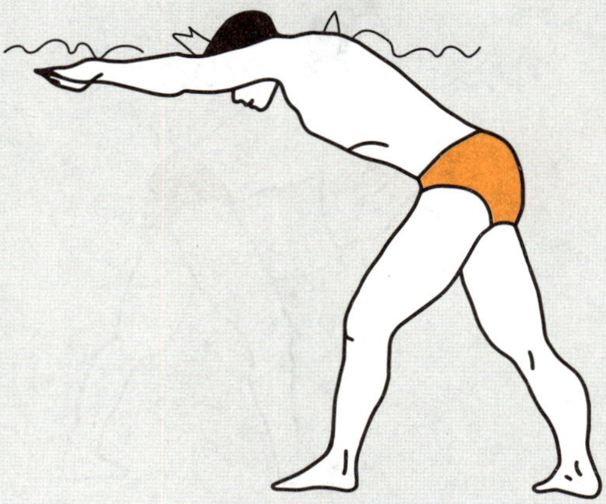

动作7

陆上或水中划臂加呼吸动作配合练习

在陆上或浅水中，两脚前后分开站立，吸气后上体前倾（动作7）做两臂划水的练习。要注意划臂动作与呼吸动作之间的配合节奏。

动作8

当臂向侧下划至肩同宽时，准备抬头，并开始慢呼气（动作8）。

动作9

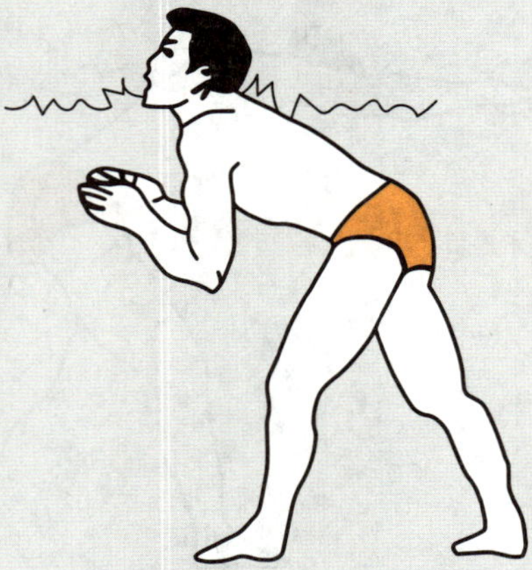

划水结束时，抬头吸气（在吸气的瞬间前，先将余气用力呼尽，紧接着立即张嘴吸气），两手在颌下呈掌心斜相对（动作9），两臂继续前伸恢复至开始姿势。

爬泳技术

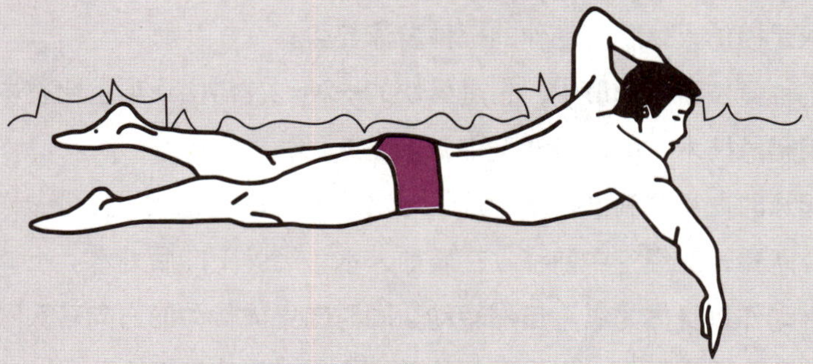

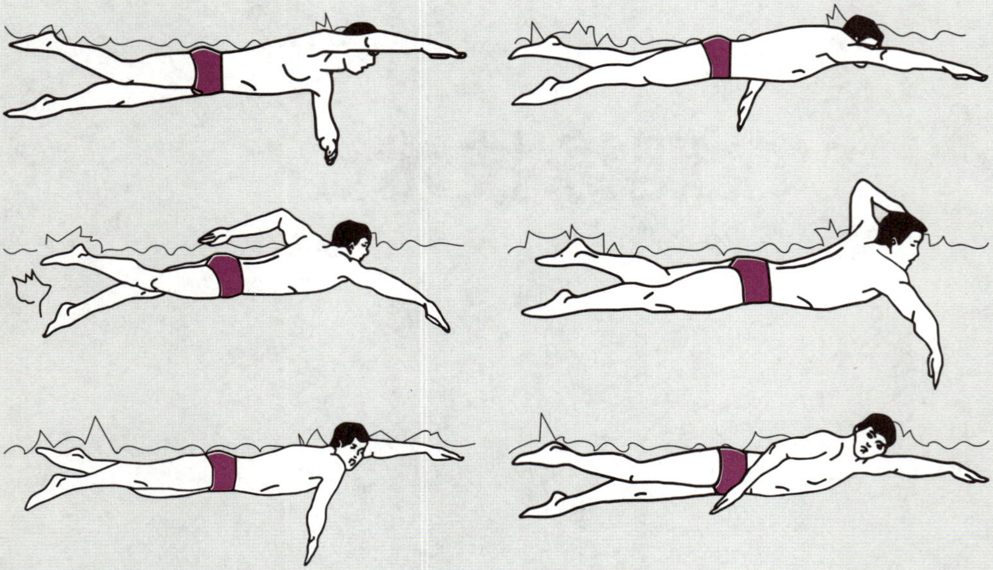

爬泳简介

- 爬泳是模仿人体爬行动作的一种游泳姿势。
  在各种竞技游泳速度中，它是最快的一种。在自由泳项目比赛中，人们都采用爬泳技术，所以爬泳又称为自由泳。
- 游爬泳时，身体俯卧在水中几乎与水面平行，两腿上下交替做鞭状打水动作。两臂轮流经空中前移，在肩前入水，经腹下向后划水。上体随着两臂划水动作以身体为纵轴自然转动，同时向身体转动的方向转头呼吸，并与臂的动作协调配合，以推动身体前进和保持身体的平衡。
- 动作配合一般是：两臂各划水一次，两腿打水六次（或四次或两次），呼吸一次。
- 在竞技游泳比赛中，自由泳项目有：50米、100米、200米、400米、800米、1500米、4×50米接力（短池）、4×100米、4×200米接力。

比赛规则

- 自由泳比赛中，可采用任何泳式。但在个人混合泳及混合泳接力赛中，自由泳是指除蝶泳、仰泳、蛙以外的泳式。
- 转身和到达终点时，可用身体任何部分触池壁。
- 在整个游程中，运动员身体的一部分必须露在外面，在转身过程中允许运动员完全潜入水中，但在出发和每次转身后潜泳距离不得超过15米，在15米前运动员的头必须露出水面。

专业游泳运动员等级标准

男子	国际级健将		运动健将		一级		二级		三级		少年级	
	50米池	25米池	50米池	25米池	50米池	25米池	50米池	25米池	50米池	25米池	50米池	25米池
50米自由泳	00'21"95	00'20"95	00'23"28	00'22"28	00'24"50	00'23"50	00'27"50	00'26"50	00'34"50	00'33"50	00'45"50	00'44"50
100米自由泳	00'48"39	00'46"89	00'51"50	00'50"00	00'55"50	00'54"00	01'05"00	01'03"50	01'22"00	01'20"50	01'43"00	01'42"00
200米自由泳	01'46"88	01'43"38	01'51"55	01'48"05	02'03"00	01'59"50	02'23"00	02'19"50	02'56"00	02'52"50	03'44"00	03'40"50
400米自由泳	03'47"79	03'40"79	03'58"60	03'51"60	04'21"00	04'14"00	05'06"00	04'59"00	06'16"00	06'11"50	07'52"50	07'46"00
800米自由泳	08'00"09	07'46"09	08'24"00	08'10"00	09'02"00	08'48"00	10'32"00	10'18"00	13'12"00	12'58"50		
1500米自由泳	15'12"08	14'47"08	16'00"30	15'35"30	17'20"00	16'54"00	20'15"00	19'50"00	24'45"00	24'20"00		
女子	国际级健将		运动健将		一级		二级		三级		少年级	
	50米池	25米池	50米池	25米池	50米池	25米池	50米池	25米池	50米池	25米池	50米池	25米池
50米自由泳	00'24"90	00'23"90	00'25"85	00'25"85	00'27"20	00'26"20	00'31"50	00'30"50	00'38"50	00'37"50	00'49"00	00'48"00
100米自由泳	00'54"35	00'52"85	00'56"30	00'54"80	01'02"50	01'01"00	01'13"00	01'11"00	01'34"00	01'33"00	01'53"50	01'52"50
200米自由泳	01'57"84	01'54"34	02'01"20	01'57"70	02'15"00	02'11"50	02'39"00	02'35"50	03'23"00	03'19"50	03'58"00	03'54"50
400米自由泳	04'09"17	04'02"17	04'15"80	04'08"80	04'44"00	04'37"00	05'46"00	05'39"00	07'06"00	06'59"00	08'24"00	08'17"00
800米自由泳	08'33"95	08'19"95	08'53"40	08'39"40	09'42"00	09'28"00	12'02"00	11'48"00	15'02"00	14'48"00		
1500米自由泳	16'37"40	16'12"46	17'14"00	16'49"00	18'35"00	18'10"00	23'45"00	23'20"00	27'45"00	27'20"00		

全国游泳锻炼等级标准

适用范围	竞技项目	一级（金海豚）	二级（银海豚）	三级（粉海豚）	四级（绿海豚）	五级（蓝海豚）
小学生	50米自由泳	01′30″00	01′50″00	02′10″00	不限泳式，连续游完50米	不限泳式，连续游完25米
中学生	50米自由泳	01′05″00	01′15″00	01′30″00	不限泳式，连续游完100米	不限泳式，连续游完50米
成年女子	50米自由泳	00′55″00	01′05″00	01′20″00	01′30″00	不限泳式 在02′30″00内游完50米
	100米自由泳	02′10″00	02′25″00	02′55″00	03′20″00	
	200米个人混合泳	04′35″00	—	—	—	
成年男子	50米自由泳	00′40″00	00′55″00	01′05″00	01′20″00	不限泳式 在02′10″00内游完50米
	100米自由泳	01′40″00	01′58″00	02′20″00	02′50″00	
	200米个人混合泳	04′20″00	—	—	—	

爬泳动作过程

右手在与肩同宽的位置入水，掌心向下。

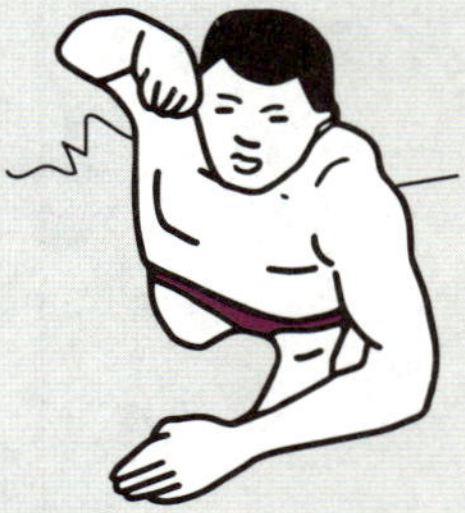

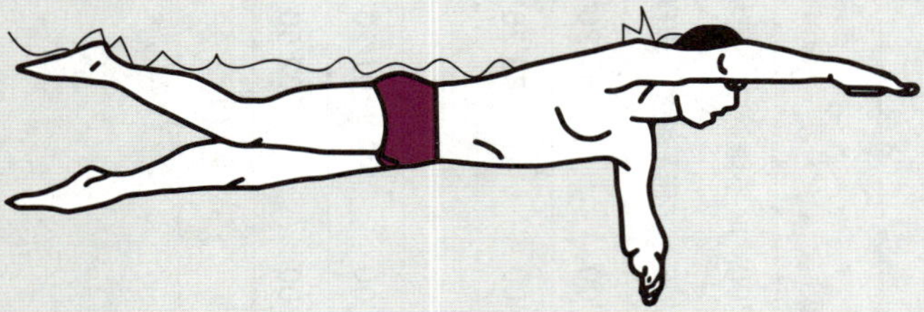

动作1

左手沿身体中线朝大腿方向侧推水。

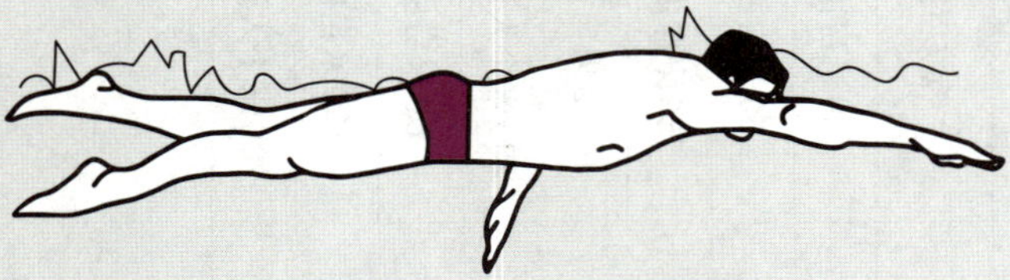

动作2

右手逐渐屈臂，向下划水，左臂推水结束，提肘出水。

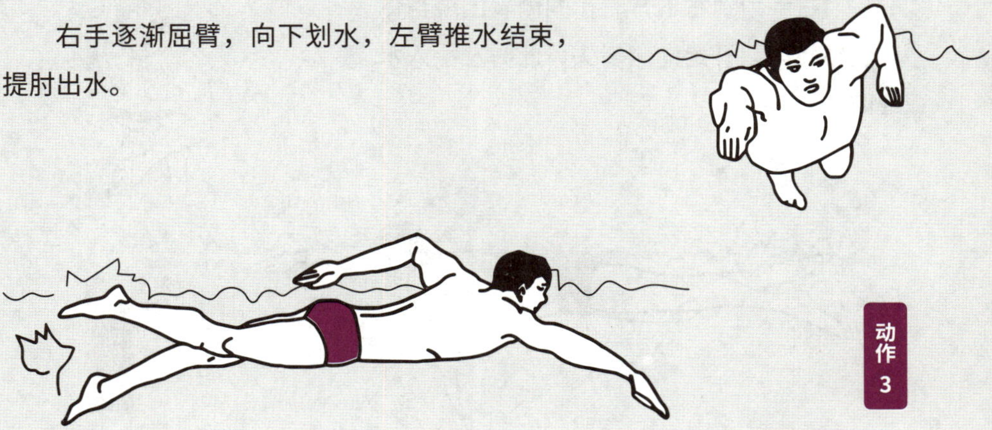

动作3

右手划至肩下，屈肘约呈120°角，左手向前移臂。

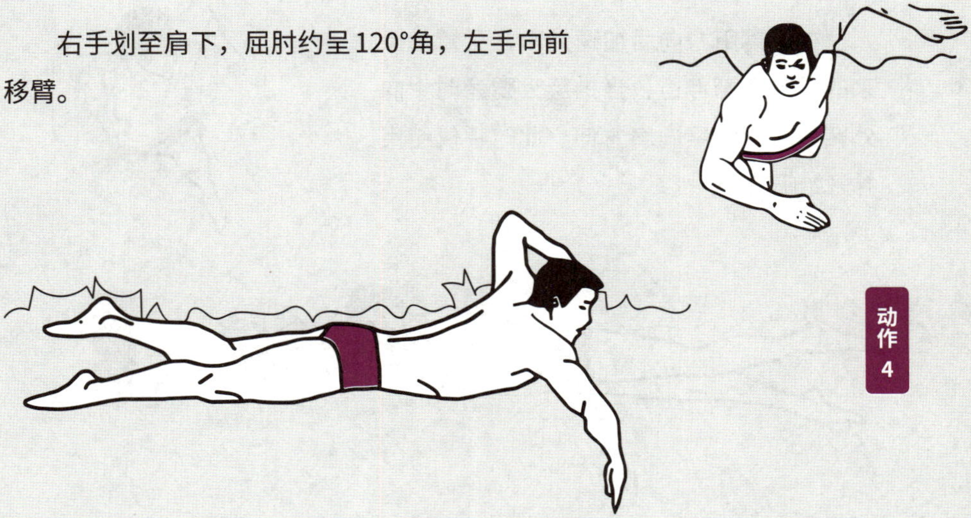

动作4

右手划到右下方时，同侧肩围绕身体纵轴转动，开始向侧转头，此时左手入水前伸。

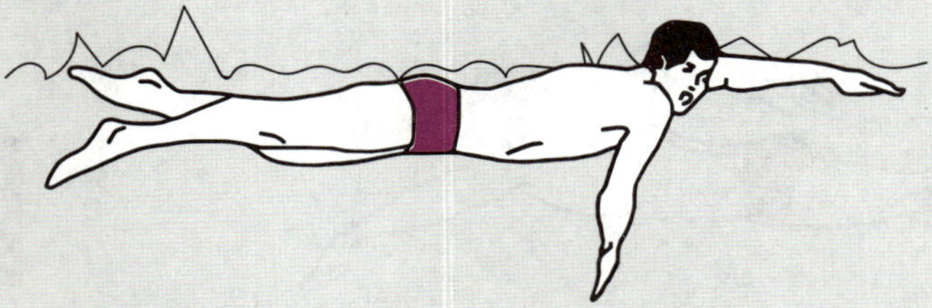

动作5

右手臂用力向后加速划水，手臂由原来的屈臂逐渐伸直，当推至大腿旁时手向外转。左臂继续向肩方伸。此时呼气结束并开始吸气。

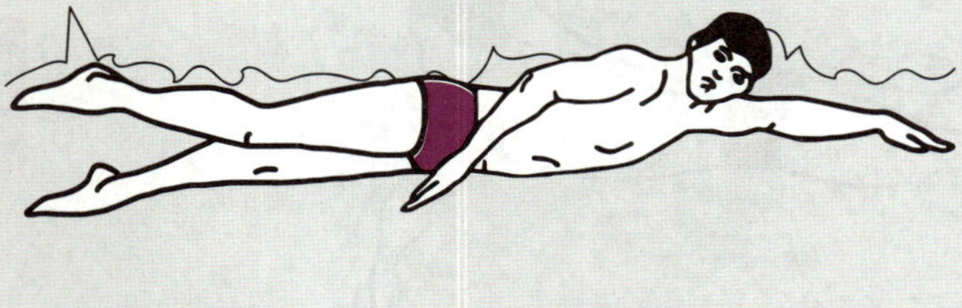

动作6

右臂结束推水后，在上臂带动下，前臂、肘关节向上做屈臂提肘的动作，轻轻提出水面。左臂开始屈臂对水。此时继续吸气。

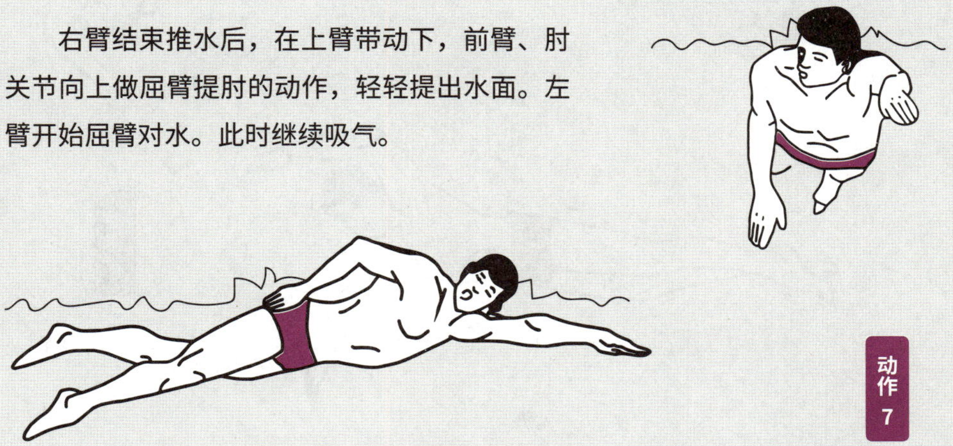

动作7

出水臂在空中屈臂侧摆前伸，左臂加速向后划水。此时吸气结束，头部准备还原。

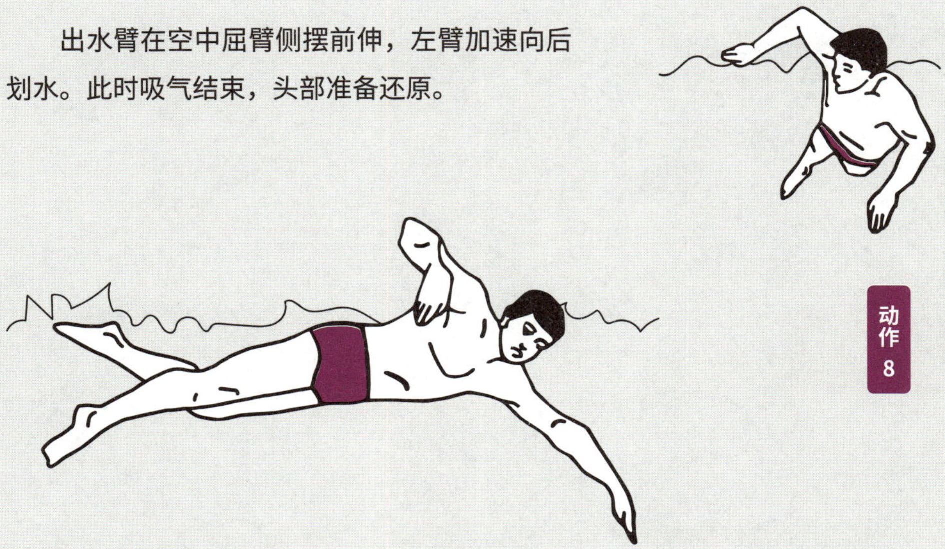

动作8

右臂屈臂（肘高于手），五指自然并拢，在肩前延长线处斜插入水。左臂屈臂于肩下向后划水。

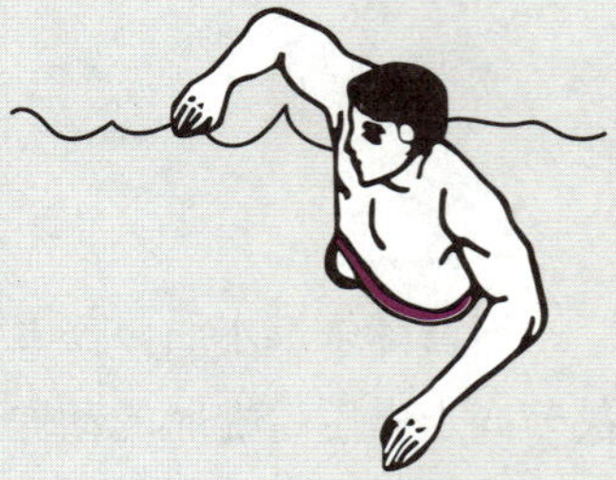

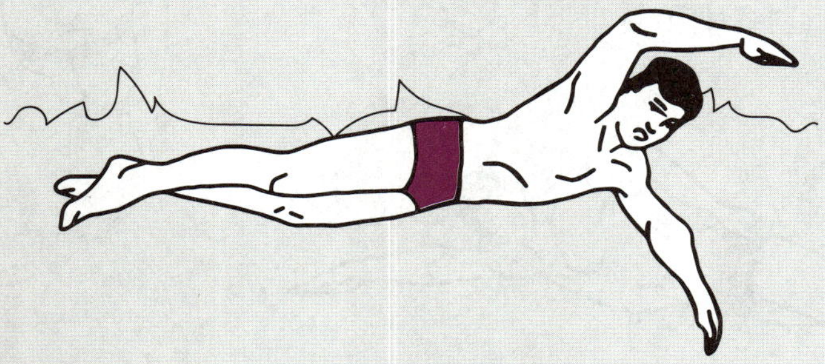

动作9

爬泳技术要领

爬泳时，人在水中呈俯卧姿势，两腿交替上下打水，两臂交叉轮流划水，动作很像爬行，所以对爬泳有一句形象的顺口溜：

身体平稳水中趴，双臂交叉轮流划。
两腿鞭状上下打，慢呼快吸向前划。

爬泳技术动作结构不像蛙泳那样复杂，动作也比较简单，这是爬泳较之蛙泳教学容易的有利条件。但爬泳技术由于侧呼吸的方法不易适应，以及初学者动作往往过分紧张，因而不易加长游距。因此，学习中要注意强调动作的放松。

爬泳两腿正确的鞭状打水是推进身体前进和掌握爬泳技术的基础。对此，在腿部技术学习中，可采用直腿打水的方法。要求初学者髋关节充分伸展，膝关节充分伸直，踝关节放松。在直腿打水的基础上，逐渐过渡到屈腿的鞭打水技术。爬泳腿动作可运用如下口诀进行学习：

大腿发力带小腿，两腿交替来打水。

爬泳的两臂划水是推动身体前进的主要动力。在臂部动作学习中，为了便于初学者较快地掌握两臂技术，可先练习直臂划水动作，然后再过渡到屈臂划水的技术上。在动作节奏上应强调除划水阶段用力外，其他阶段则都应放松。空中移臂时应以大臂带动小臂，并强调肘高于手。爬泳臂的动作可用如下口诀进行学习：

移臂放松肩前插，小臂手掌对准水。
沿着中线把速加，两臂轮流交替划。

呼吸是爬泳技术学习的一个难点，因此，从学习开始就应要求做围绕身体纵轴向侧转头的呼吸动作，并结合两臂划水动作反复练习，应把呼吸动作贯彻始终。在完整配合练习，应防止吸气时向上抬头，造成下肢下沉。爬泳呼吸动作可用如下口诀进行教学：

头在水中慢吐气，转头张嘴快吸气。

爬泳教法练习

动作1

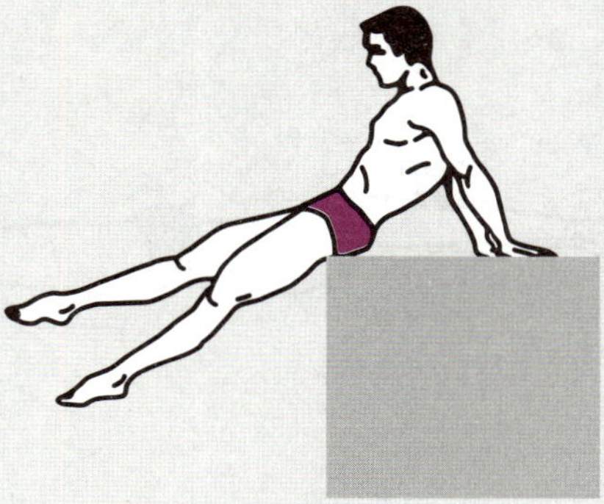

陆上模仿练习

坐在池边或台上（坐时身体应注意往前靠，以臀部接触支撑面），上体稍后仰，脚面伸直，脚踝放松，做直腿的模仿打水动作。打水幅度约30～40厘米（动作1）。

动作2

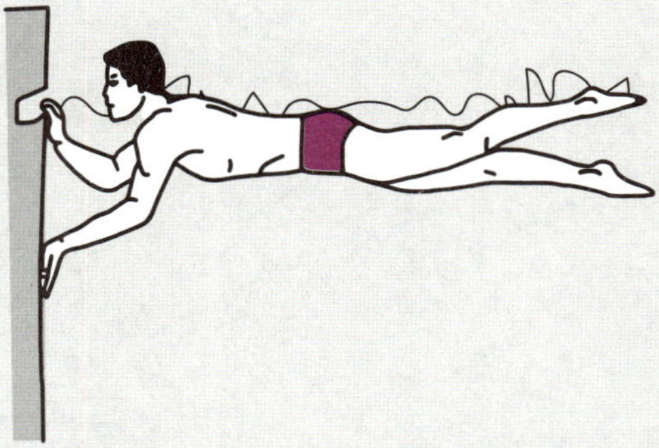

水中扶边打水练习

双手扶池边，将肩浸入水中，身体保持水平，髋关节伸展。练习时用大腿带动小腿打水，向下打水时稍用力，向上打水时则放松。可快慢交替练习（动作2）。

动作3

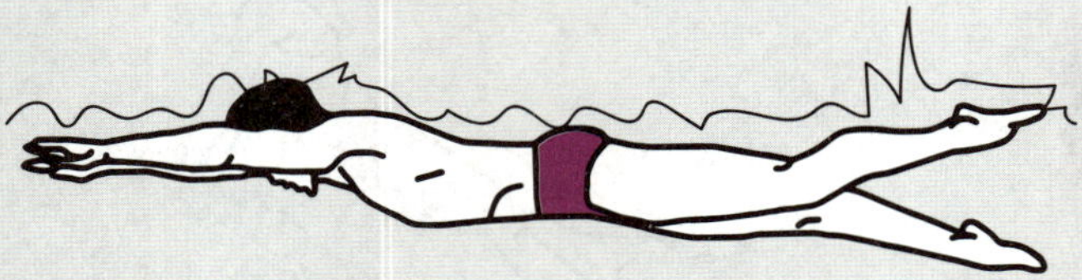

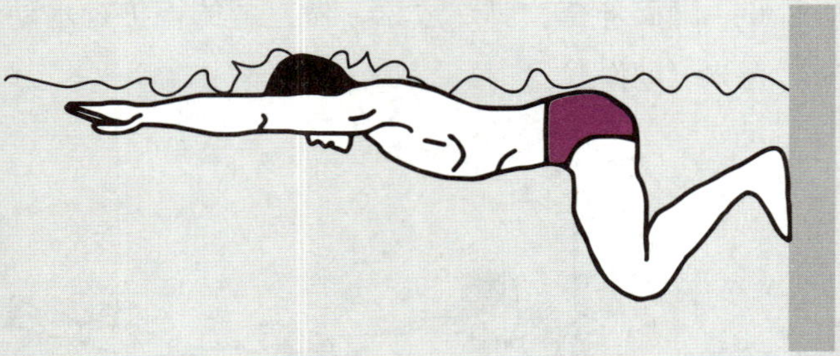

水中滑行打水练习

先吸气后蹬边，身体尽量伸展，腰背保持适当收紧，头夹于两臂之间呈流线型。滑行后开始打水（动作3）。

动作4

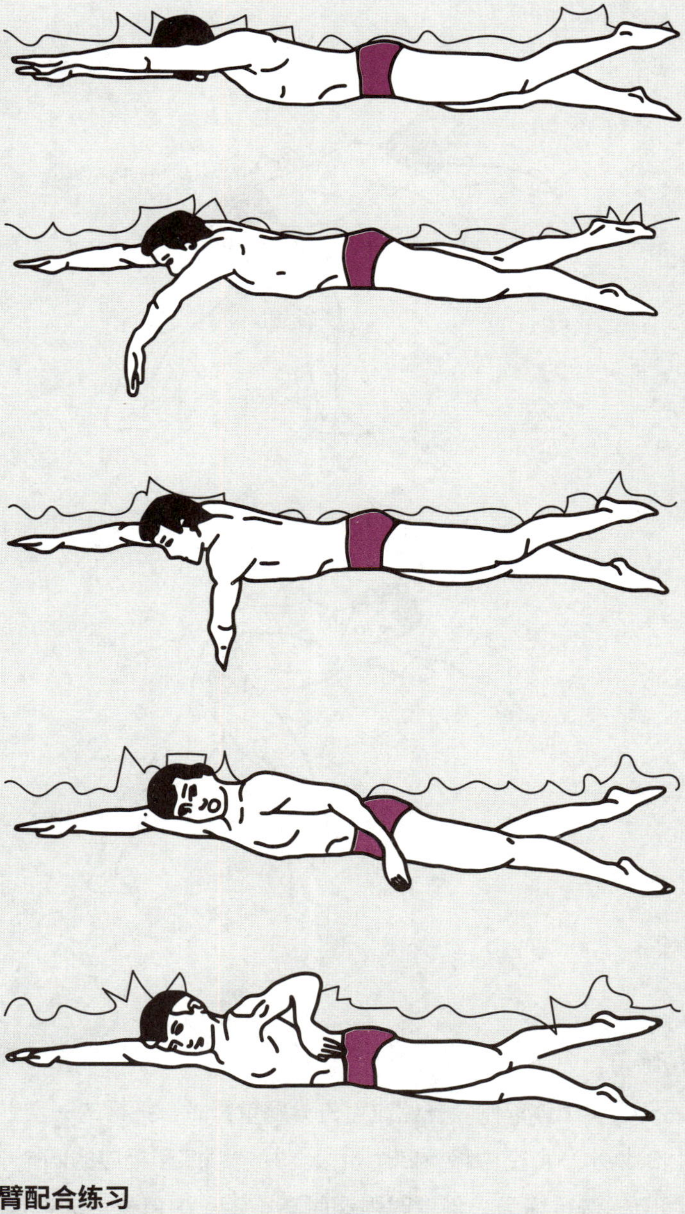

分解划臂的腿臂配合练习

蹬壁滑行后，在打水的基础上再做单臂的划水练习。当一臂划水结束并完成臂前移入水的动作（也可结合呼吸与单臂配合进行练习）（动作4）。

动作5

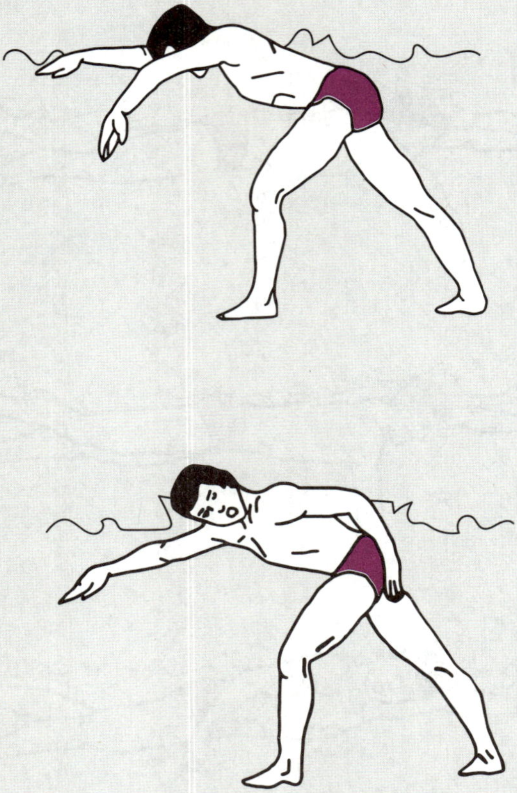

陆上划臂模仿练习

两腿前后开立，上体前倾。开始时可先分解单臂做，把臂的一次划水分为：1.入水；2.抱水；3.划水；4.空中移臂四个阶段。并按顺序和相应的四个节拍进行练习。然后缩短为两节拍进行练习。移臂时强调肘高于手。由单臂逐渐过渡到连贯配合练习（也可做臂和呼吸的配合练习）。

如有浅水池，可做水中划臂练习：练习方法及步骤同陆上。但要求练习时，肩部浸入水，划水时以手臂对准划水方向，划水要用力，移臂时放松（动作5）。

出发技术

出发简介

- 游泳比赛的开始称为出发，运用两脚蹬离出发台或池壁，从而获得快于途中游的高速度。竞争中良好的出发实效为运动员赢得时间，也有助于形成心理优势。
- 出发台出发由预备姿势、起跳、腾空、入水、滑行与起游5部分组成。
- 出发台出发可分为摆臂式、抓台式和蹲踞式，最常见的为抓台式和蹲踞式；根据腾空和入水的不同可分为平式入水和洞式入水。仰泳为水中出发。
- 总的出发速度须根据自身特点，扬长避短，选择出发技术。

比赛规则

- 游泳竞赛规则规定，除仰泳在水中出发外，其他各种泳式都必须由出发台上出发。
- 自由泳、仰泳、蝶泳出发后，在水下潜游的距离不得超过15米。
- 蛙泳出发后，运动员可在全身没入水中时，做一次手臂充分的向后划至腿部的动作和一次蹬腿动作，但在第二次划臂至最宽点并在两手向内划水前，头必须露出水面。

抓台式出发动作过程

预备姿势

各就位命令以后，两脚分立与髋同宽，脚趾扣住出发台的前沿，膝关节弯曲呈130°～140°角，上体前屈，臀部抬高，重心落在前脚掌上；两臂放松，两手抓住出发台面前沿；颈部自然放松，眼看下方水面。(动作1)

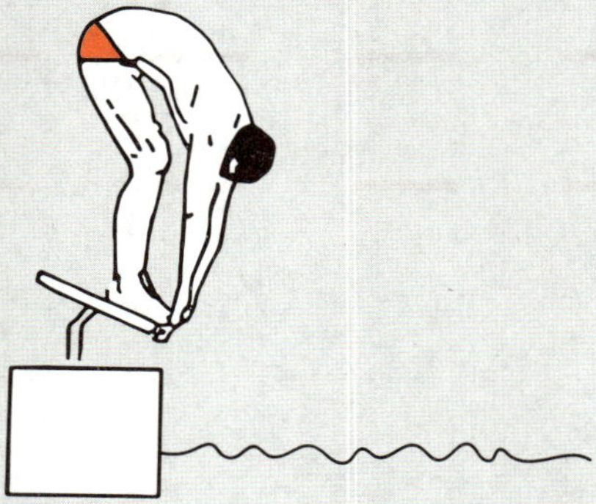

动作1

起跳

听到出发信号时，两臂屈肘向上提拉，上体前倒贴紧大腿，身体重心迅速前移，重心垂线超出台面，有即将落入水中的感觉。当身体重心与两脚支撑点的连线与水平面成45°角，膝关节弯曲约90°角时伸髋伸膝，双臂前摆，两脚蹬离出发台，上体与水平面几乎平行。(动作2、3、4)

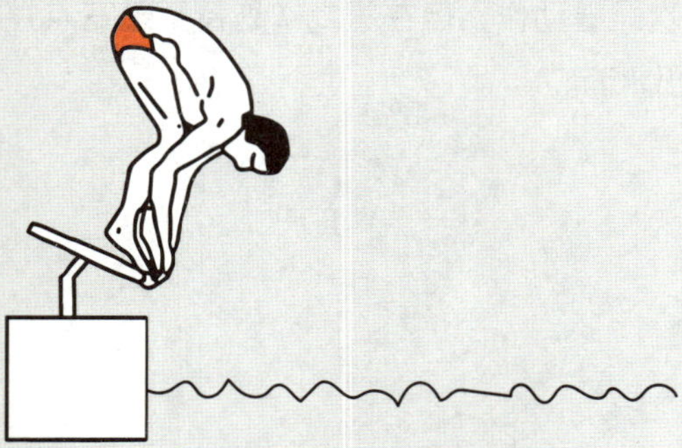

动作2

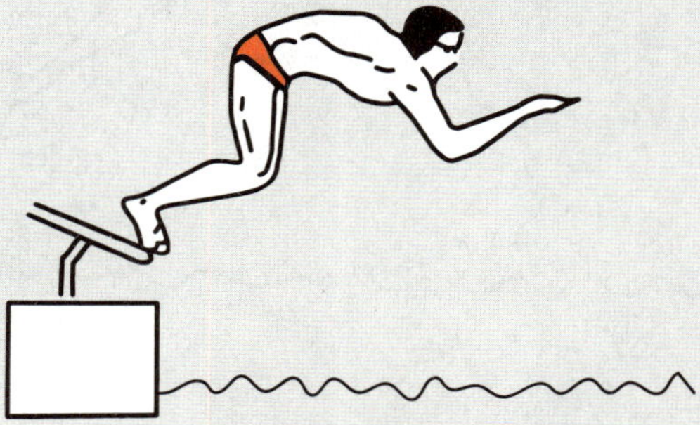

动作 3

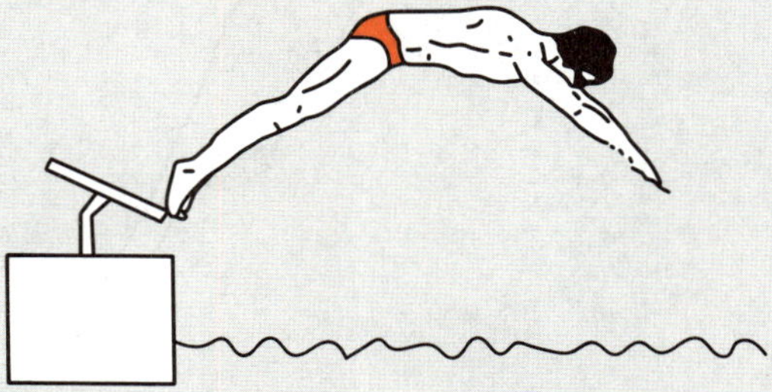

动作 4

腾空

手臂伸直并拢，头略低夹在两臂之间，全身伸展成较好的流线型，身体与水平面成锐角。（动作5、6）

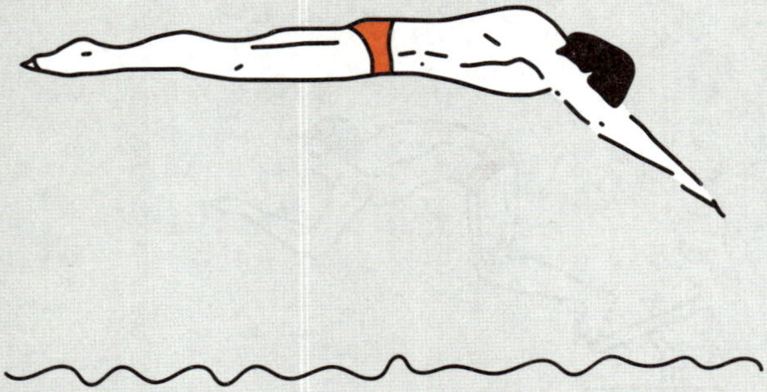

动作5

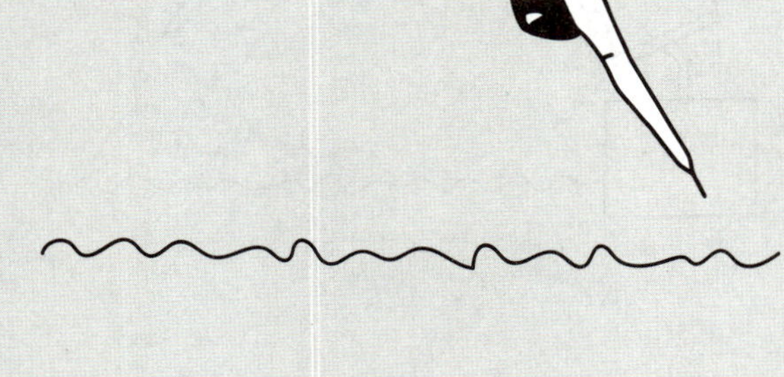

动作6

入水

手、臂、头、躯干、下肢依次入水，入水角度为10°～20°。（动作7）

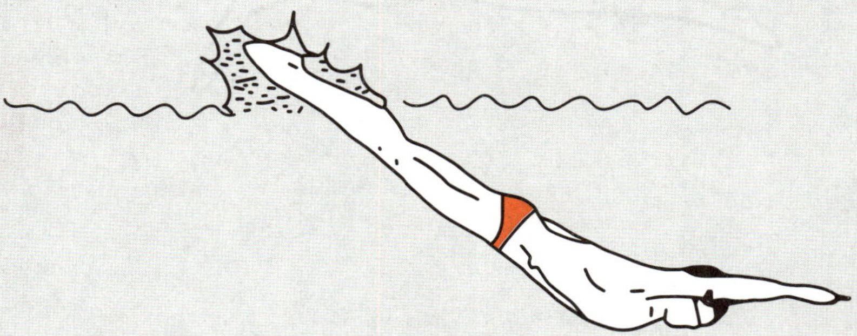

动作7

滑行和起游

身体完全没入水中后，以流线型姿势滑行到速度开始下降时开始起游。（动作8、9）

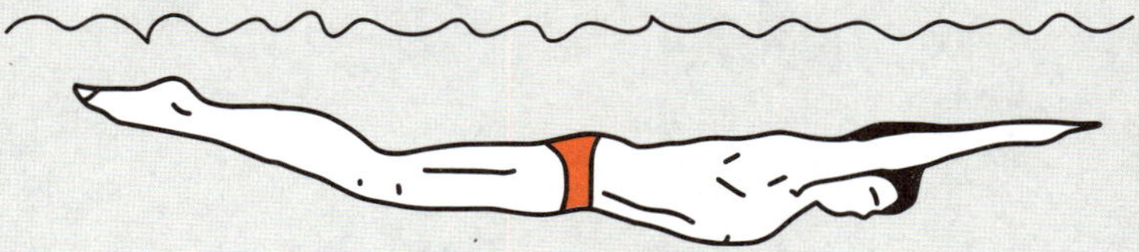

动作8

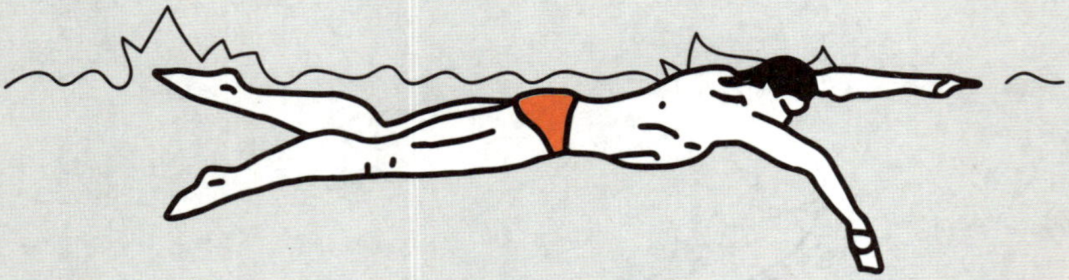

动作9

蹲踞式出发动作过程

预备姿势

两脚前后开立，用有力腿的脚置于出发台的前沿，脚趾扣住出发台的前沿，另一腿立于出发台的后部，双手抓住出发台的前沿或侧沿。前腿膝关节弯曲呈100°～120°角，后腿弯曲呈90°～100°角，身体重心的位置低于抓台式。(动作1)

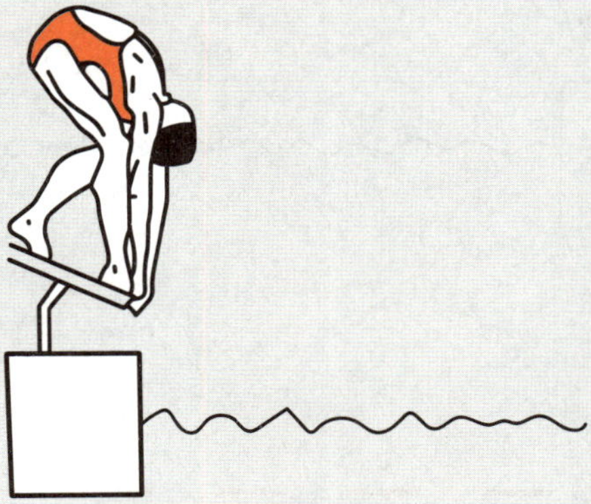

动作1

起跳

出发命令发出后，两手迅速推台沿，同时后脚用力蹬台，两臂前摆，身体前倒，使重心越过支撑点，身体失去平衡，然后前脚用力蹬台。(动作2、3、4)

动作2

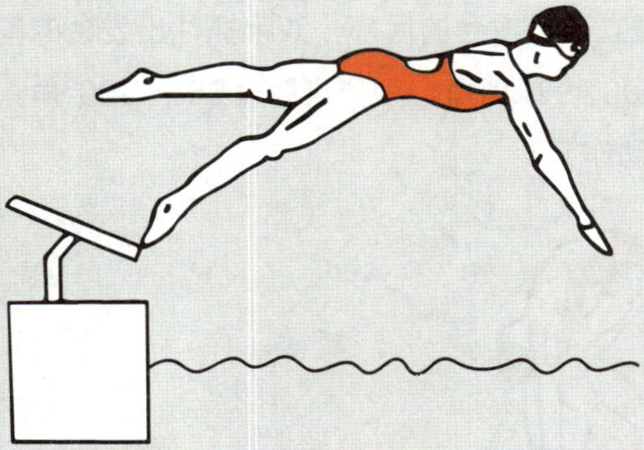

动作3

动作4

腾空、入水及滑行起游

手臂伸直并拢，头略低夹在两臂之间，全身伸展成较好的流线型，身体与水平面成锐角。（动作5、6）

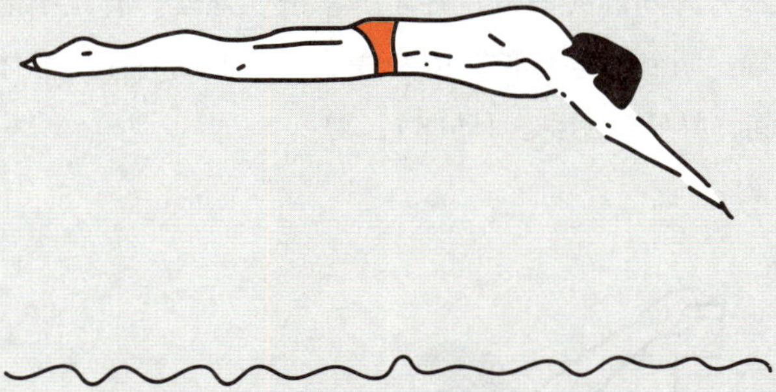

动作5

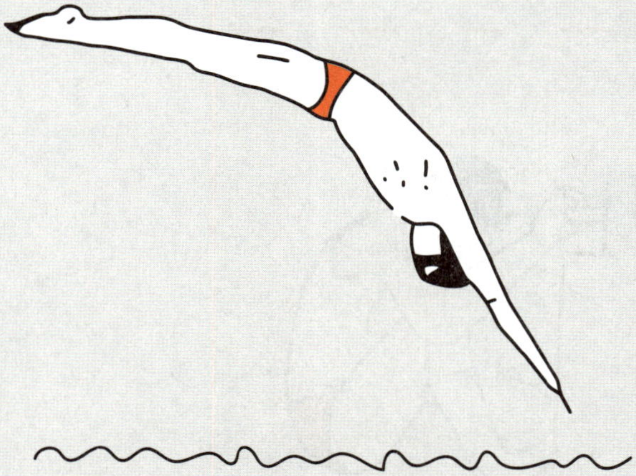

动作6

仰泳式出发动作过程

预备姿势

面对池壁，两手同肩宽，紧握扶手器，两臂自然放松，两腿屈膝收向胸前，两脚分开同髋关节宽，并用脚掌抵住池壁，脚趾不能露出水面，否则即为犯规。听到“各就位”的命令后，两臂屈肘提拉身体，使身体大部分升出水面，并低头团身。（动作1、2）

动作1

动作2

起跳

听到出发信号时，两腿迅速深屈做一个微小的预蹲动作。紧接着，两臂迅速伸肘推压握手器，仰头，挺胸，将身体向上向后推离池壁。两臂经上或经侧向头前挥摆，两腿同时用力蹬伸，身体展开，髋关节、膝关节、踝关节充分伸展，整个身体略成反弓形蹬离池壁。（动作3、4）

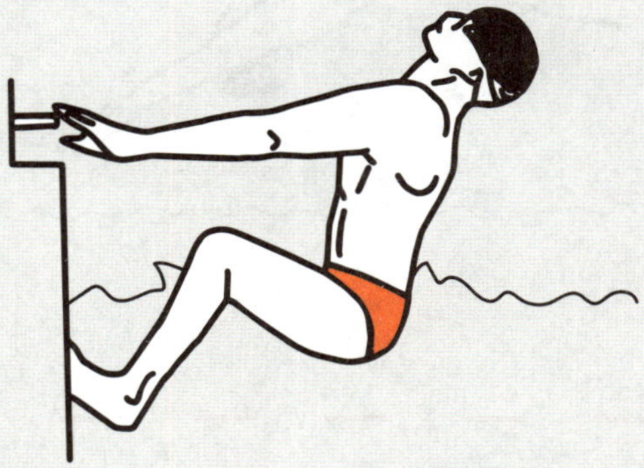

动作3

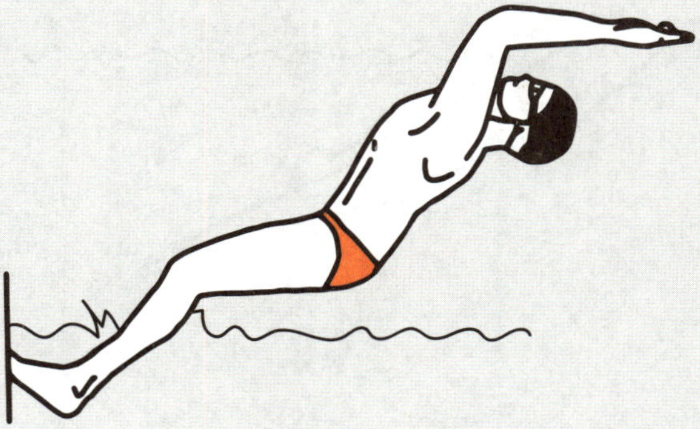

动作4

腾空、入水、滑行和起游

仰泳出发的腾空姿势应为反弓形，即昂首挺胸、全身伸展。腾空结束时，身体保持良好流线型姿势下落，以手指领先依次入水。当滑行速度开始下降时打仰泳腿或反海豚腿，在头即将露出水面时开始划水。有一定训练水平的运动员大多采用反海豚，效果较好。(动作5、6、7、8、9)

动作5

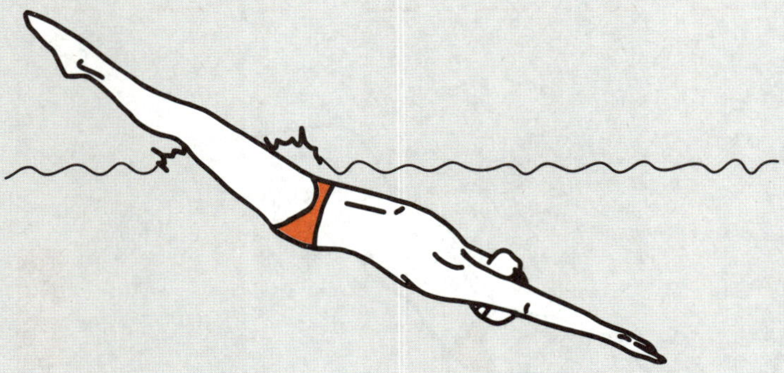

动作6

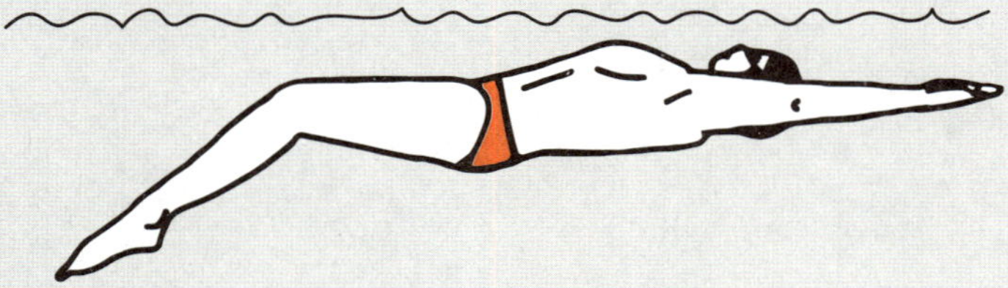

动作7

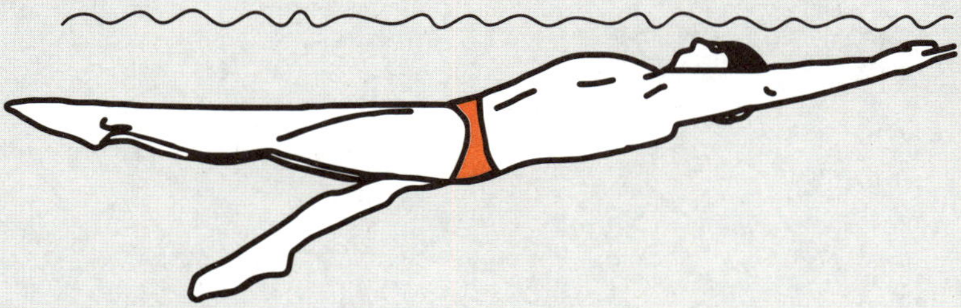

动作8

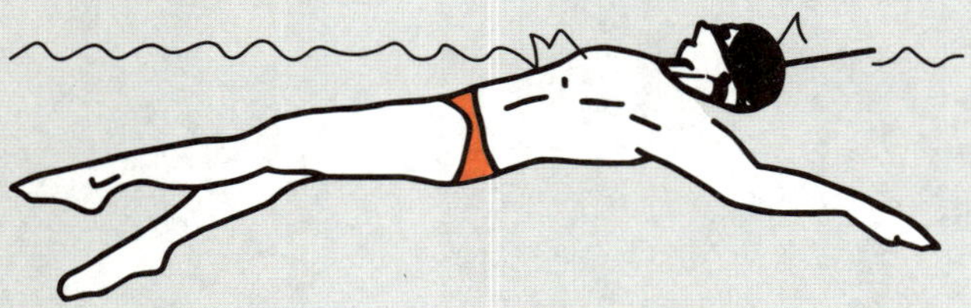

动作 9

转身技术

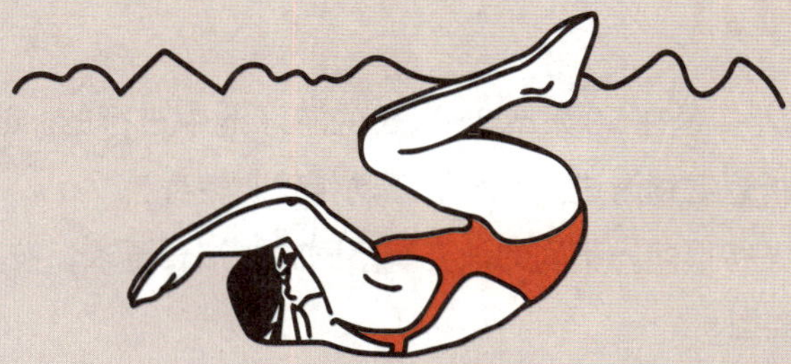

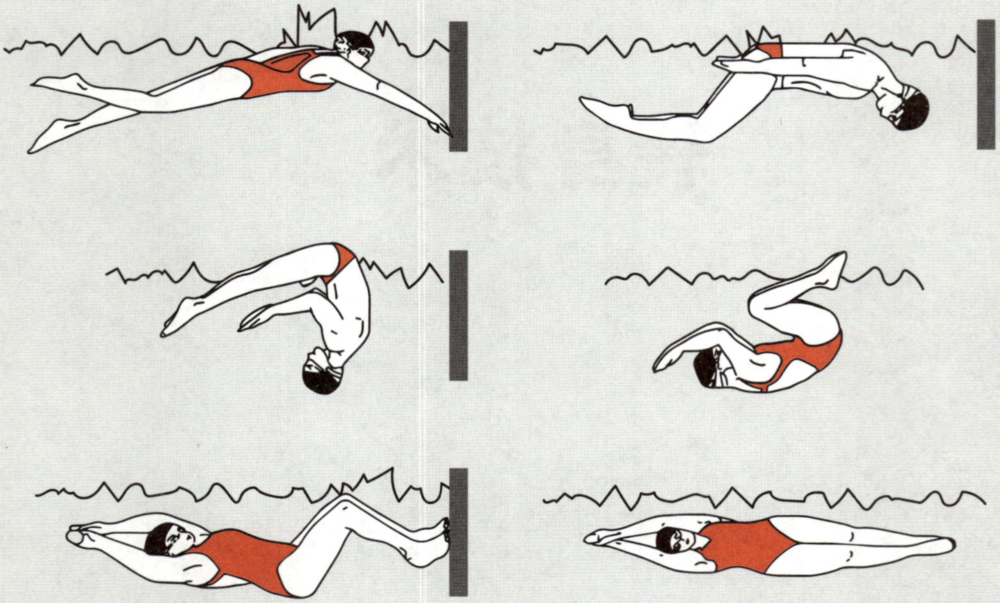

转身简介

- 游泳比赛大多是在50米或25米长的游泳池中进行的。运动员游到池端后，必须折返继续游进。这一折返动作就叫转身。
- 转身的方法有很多，不同的泳姿有不同的方法和要求，按其动作形象大体分为3种类型：
- 平转式：不改变身体卧水方式，身体在水平面上绕垂直周像磨盘一样转动；
- 摆动式：摆动式因在推离池壁时有一个上体的侧向摆动动作而得名；
- 翻滚式：翻滚转身身体同时或连续地围绕几个轴转动，边翻边转，身体团的紧转动半径短，回转速度最快，是所有转身动作中速度最快的一类。

比赛规则

- 蛙泳、蝶泳转身有些相似。规则规定，转身时必须两手同时触壁，触壁时两肩应在同一水平面上。蛙泳转身后可做一次手、一次腿的潜泳，蝶泳转身后两腿可在水下打腿多次。
- 仰泳转身时运动员身体的一部分必须触壁。转身时，两肩的转动可以超过垂直面，直至成俯卧姿势。如果运动员的转动超过垂直面，其转动动作必须是连环的。在双脚蹬离池壁前，运动员必须转为仰卧姿势。

注：当运动员做转身前的最后一次移臂时，身体可以变仰卧姿势。

爬泳转身动作过程

接近

掌握好距离，头与池壁之间的距离与身高相近（动作1）

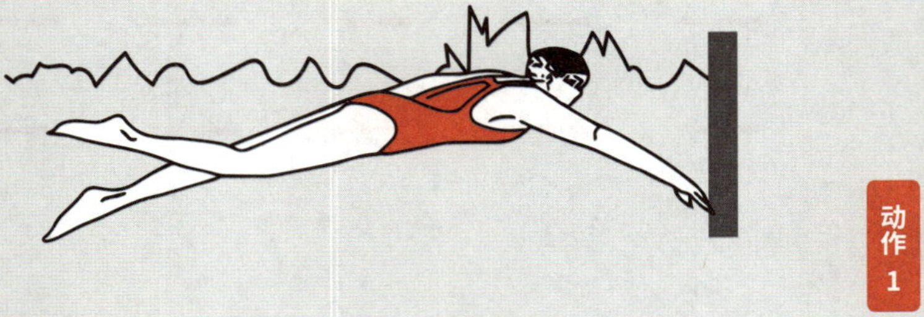

转身

最后一划两手臂置于体侧并拢，同时身体向前翻转，头向下压（动作2）低头、团体（动作3）

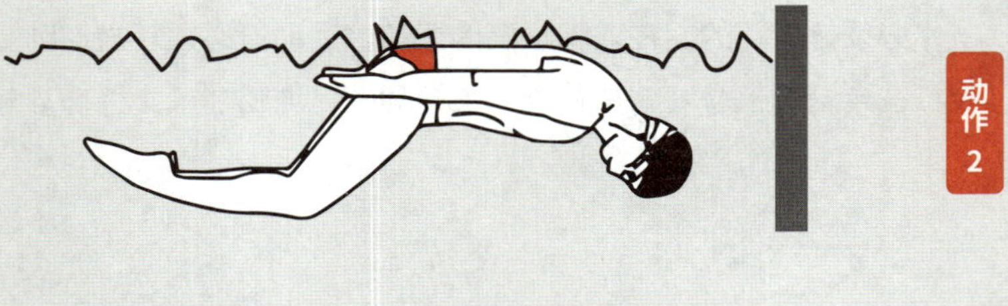

动作3

头向上抬，双膝微屈，手掌心向下（动作4）

动作4

蹬离

向外离时头在双臂之间，身体保持水平，膝部弯曲约90度，脚触壁时迅速蹬离且身体向下翻转（动作5、6）

动作5

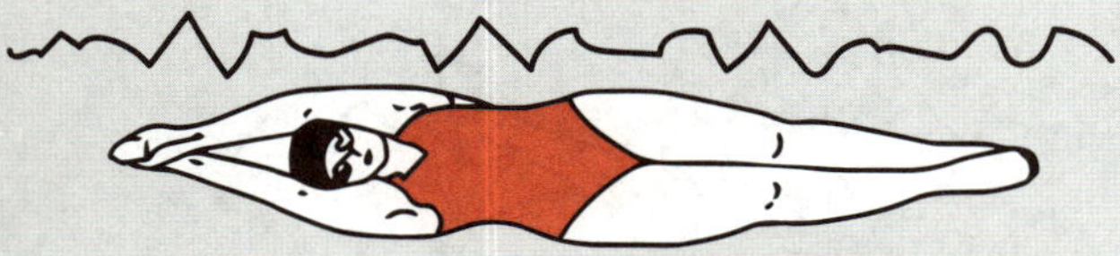

动作6

滑行

保持流线型，身体向下（动作7）

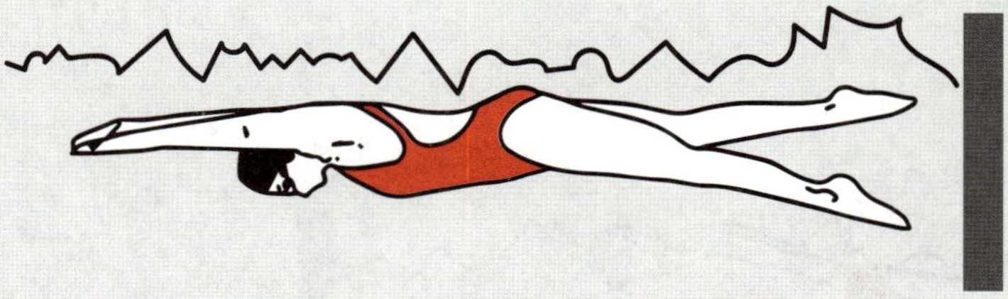

动作7

起游

手臂依次划水，头部露出水面。(动作8)

动作8

仰泳转身动作过程

接近

掌握好距离，离池壁还有2/3次划臂时开始翻转（动作1）一只手出水，空中移臂（动作2）移臂手入水成俯卧姿势（动作3）

动作1

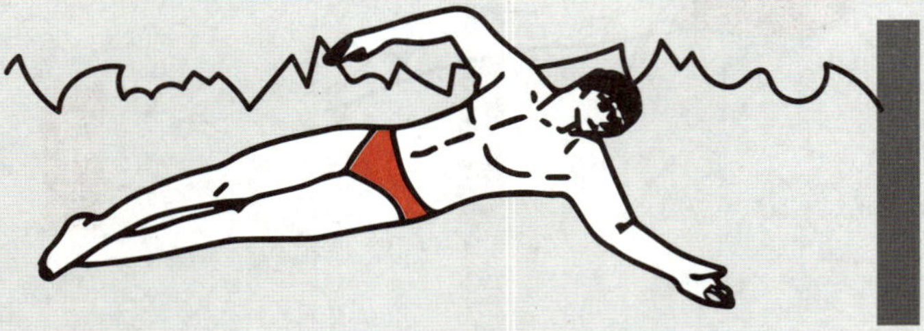

动作2

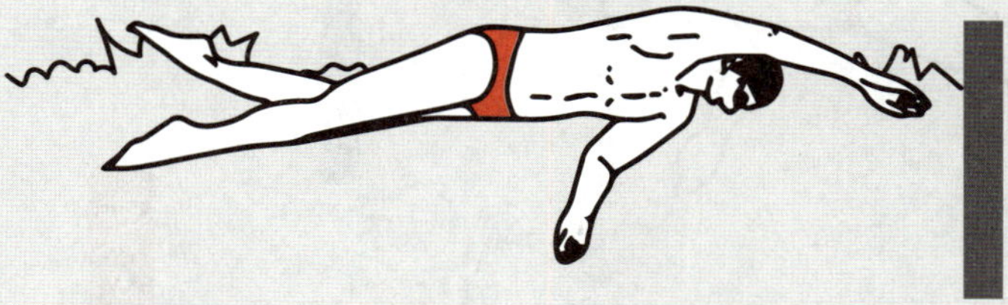

动作3

翻转

转身

同爬泳转身（动作4、5、6）

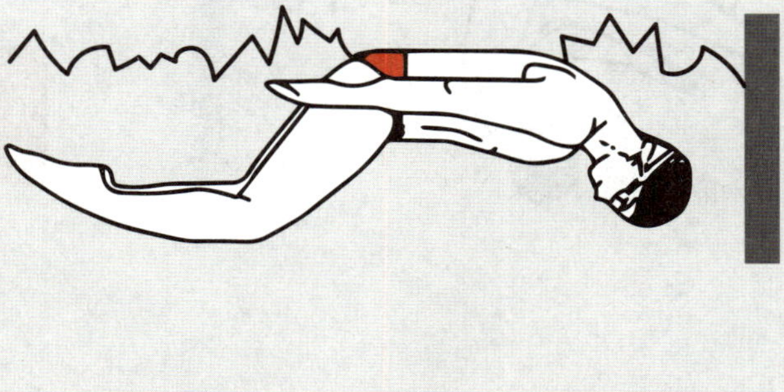

动作4

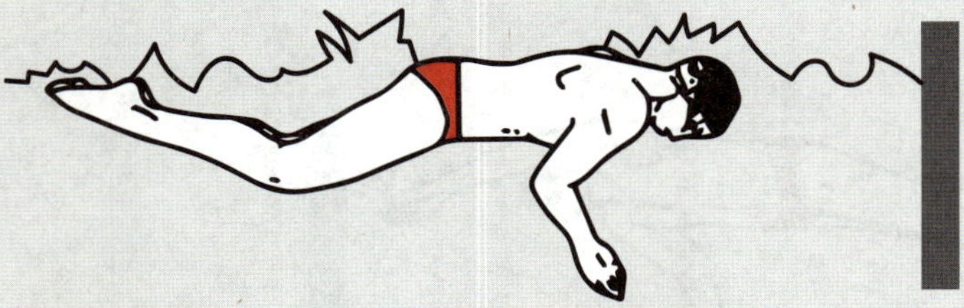

动作5

动作6

蹬离

脚触壁时膝部弯曲约90度且迅速蹬离（动作7、8、9）

动作7

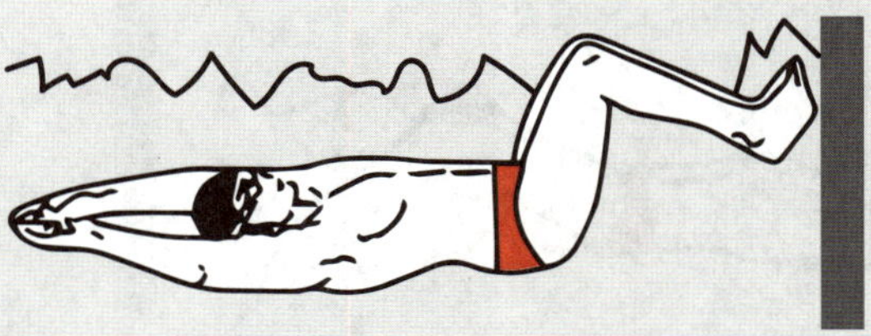

动作8

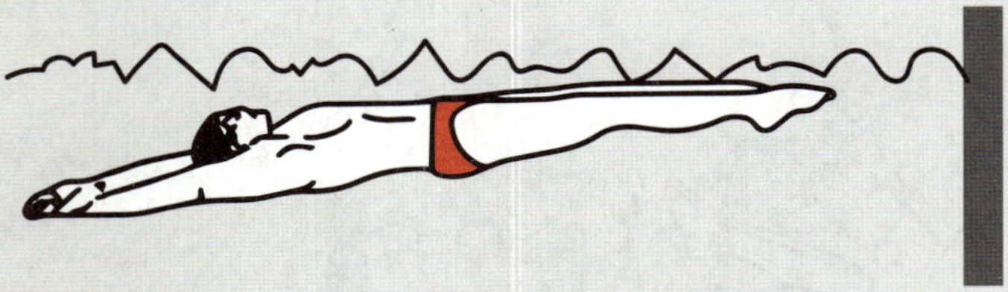

动作 9

起游

仰卧姿势做海豚腿滑行，浮出水面，开始划臂（动作10、11、12）

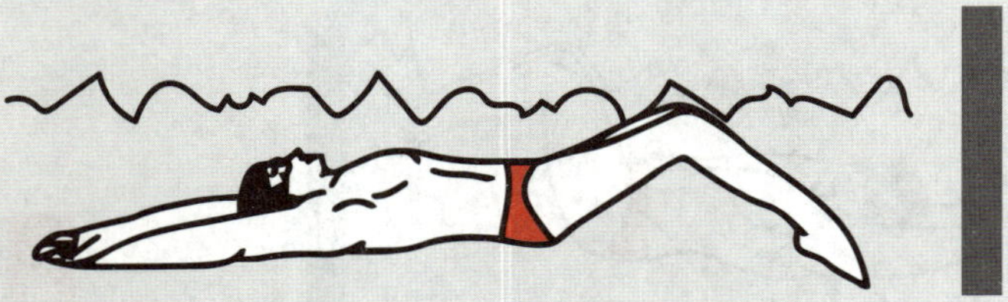

动作 10

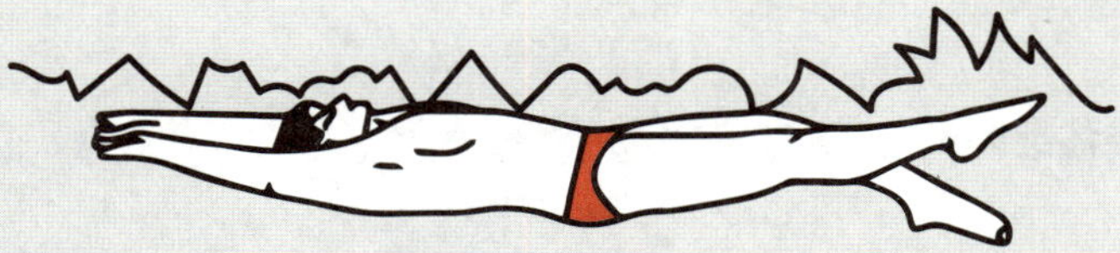

动作 11

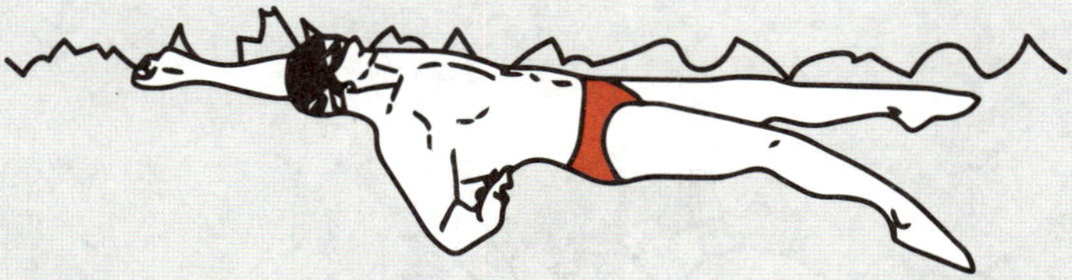

动作 12

蛙泳和蝶泳转身出发动作过程

蛙泳和蝶泳转身为摆动式，大体分为触壁、转身、蹬离、滑行和起游五部分。

触壁

双手像推住身体一样接触池壁（动作1）

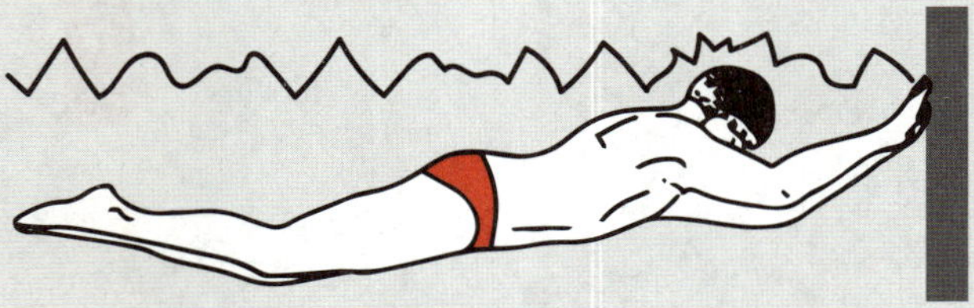

动作1

2. 转身

触壁后，一只手立即离开池壁，屈膝（动作2、3）

动作2

动作3

团体，出水的手臂高高弯起移臂，从后脑部入水（动作4）

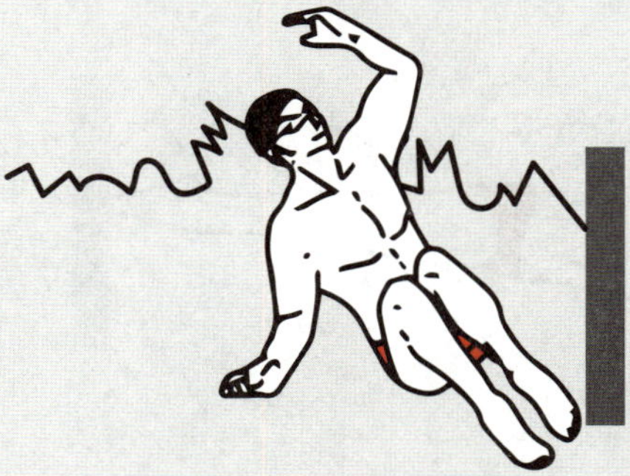

动作4

蹬离

脚与池整垂直，保持直线（动作5）

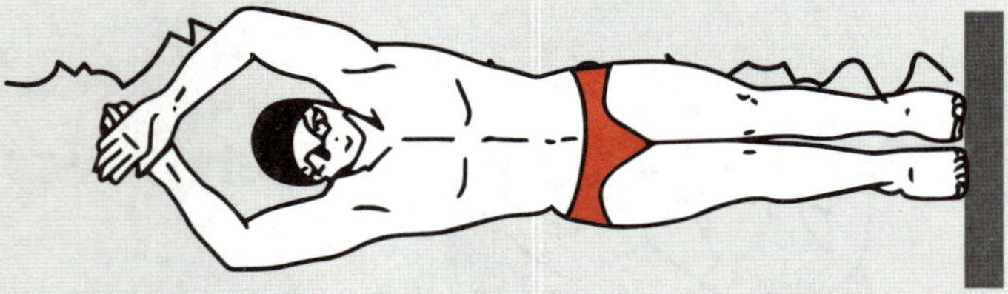

动作5

滑行和起游

蹬离后保持流线型，蛙泳是在一划一蹬后露出水面的（动作6、7、8、9）

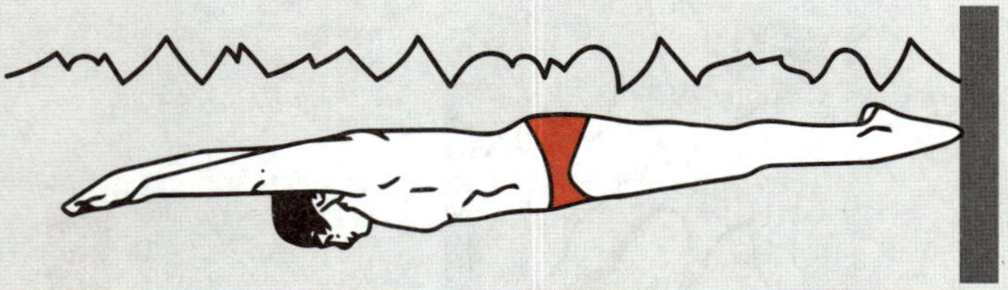

动作6

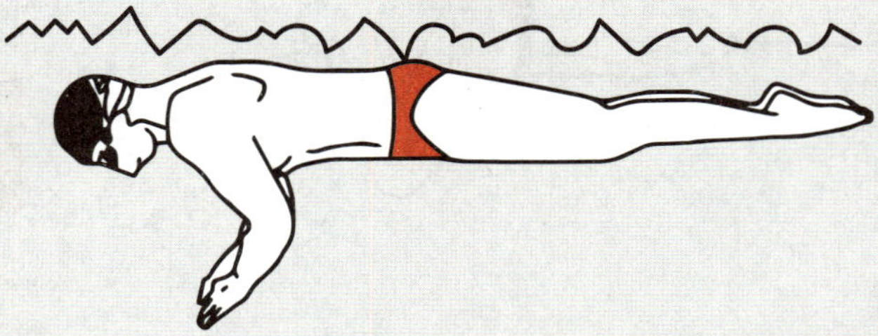

动作7

动作8

动作9

蝶泳是做2、3次海豚腿，身体接近水面，划水后脸露出水面的（动作10、11、12）

动作10

动作11

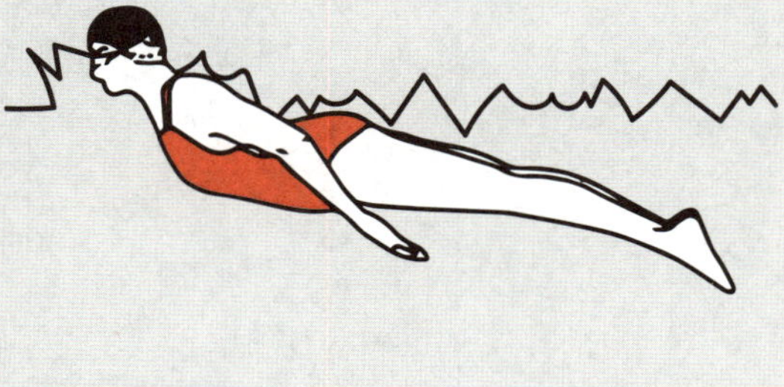

动作12